"一带一路"营商环境法治保障系列　赵旭东　总主编

李建伟　朱晓娟　吴高臣　副总主编

中国保险法律制度

郭宏彬　主编　刘明晨　副主编

中国民主法制出版社

图书在版编目（CIP）数据

中国保险法律制度/郭宏彬主编. —北京：中国民主法制出版社，2019. 8

（“一带一路”营商环境法治保障系列）

ISBN 978-7-5162-2063-4

Ⅰ. ①中… Ⅱ. ①郭… Ⅲ. ①保险法—研究—中国 Ⅳ. ①D922. 284. 4

中国版本图书馆 CIP 数据核字（2019）第 184220 号

图书出品人：刘海涛
出版统筹：乔先彪
责任编辑：逯卫光

书名/中国保险法律制度
ZHONGGUOBAOXIANFALÜZHIDU
作者/郭宏彬　主　编
刘明晨　副主编

出版·发行/中国民主法制出版社
地址/北京市丰台区右安门外玉林里 7 号（100069）
电话/（010）63055259（总编室）　63057714（发行部）
传真/（010）63056975　63056983
http：// www. npcpub. com
E-mail：mzfz@ npcpub. com
经销/新华书店
开本/16 开　787 毫米 ×960 毫米
印张/11. 75　**字数**/175 千字
版本/2019 年 8 月第 1 版　2019 年 8 月第 1 次印刷
印刷/北京天宇万达印刷有限公司

书号/ISBN 978-7-5162-2063-4
定价/42. 00 元

◉总序

习近平总书记在2013年提出建设“丝绸之路经济带”和“21世纪海上丝绸之路”的构想，五年多来，在各参与方的共同努力下，“一带一路”倡议从理念转化为行动，从愿景转变为现实，构建起了各自优势互补、彼此互联互通的国际合作平台。

党的十九大报告指出，要以“一带一路”建设为重点，坚持“引进来”和“走出去”并重，加强创新能力开放合作，形成陆海内外联动、东西双向互济的开放格局。同时，党的十九大通过修改的党章明确指出：遵循共商共建共享原则，推进“一带一路”建设。推进“一带一路”建设写入党章，必将为新时代共建“一带一路”，共建人类命运共同体进一步指明方向，注入强劲动力。

随着我国“一带一路”建设的深入推进，营造互信互通的法治营商环境，为投资贸易合作方提供全面周到的法律支持，切实维护中外当事人的合法权益便提上了日程。因此，为了增进“一带一路”建设沿线各国的彼此沟通，积极建立成员方统一认知和公正高效的司法保障体系，切实保障“一带一路”建设成果的不断扩大，我们推出了《“一带一路”营商环境法治保障系列》图书。

本系列图书构建了“一带一路”法治保障服务体系，主要介绍了投资贸易、产业合作、公正司法、纠纷解决、劳工保护等领域的法律制度，从而以保护中外当事人合法权益，维护公平竞争、诚实守信、和谐共赢的区域合作大环境。本系列图书体例科学，通俗易懂，旨在加强中国与“一带一路”沿线国家的“政策沟通”和“法治互信”，通过向国际社会展示我国法律制度的建设成就，以此提升我国法律的国际影响力。

《“一带一路”营商环境法治保障系列》图书作为“一带一路”建设的法治保障参考适用读物，旨在为沿线各国加强法律制度的交流互鉴，旨在全面落实我国“一带一路”建设的任务要求，全面构建“一带一路”建设中的法治保障体系，以便全球共享“一带一路”的建设成果。

赵旭东*
2019年8月

* 赵旭东，中国法学会商法学研究会会长，中国政法大学教授。

目　录

第一章

中国保险法律制度概述

第一节　保险与保险法

【规则要点】

保险是指投保人根据合同约定，向保险人支付保险费，保险人对于合同约定的可能发生的事故因其发生所造成的财产损失承担赔偿保险金责任，或者满足一定条件时承担给付保险金责任的商业保险行为。根据保险标的的不同将保险分为人身保险与财产保险；根据保险的目的与功能划分，可以将保险分为商业保险、社会保险与政策性保险。

保险法是指调整保险关系的一切法律规范的总称。《中华人民共和国保险法》规范在中国境内进行的商业保险活动，有关主体在进行上述活动时应当遵守该法有关规定，否则将依法承担相应的不利后果。

【理解与适用】

一、中国保险的分类

（一）人身保险与财产保险

依照《中华人民共和国保险法》的有关规定，可以根据保险标的的不同将保险分为人身保险与财产保险。

人身保险是以人的寿命和身体作为保险标的的保险，包括人寿保险、健康保险和意外伤害保险。

财产保险是以财产及其有关利益为保险标的的保险，包括财产损失保险、责任保险、保证保险等。

（二）商业保险、社会保险与政策性保险

依据保险的目的与功能划分，可以将保险分为商业保险、社会保险与政策性保险。

商业保险，是指保险公司以营利为目的而经营的保险。在中国，商业保险颇为常见，并且是人们投保的重要方向。我国保险法的调整范围为商业保险，因此保险法就是一部商业保险法。

社会保险，是指国家为了保障公民利益、提高公民风险应对能力以及稳定社会秩序，而强制向国家公民收取保险费用，建立社会保险基金及社会保险制度，在公民因年老、疾病、生育、伤残和失业等问题丧失劳动能力或基本生活来源时，提供救济、予以保障的保险，是由国家运行的不以营利为目的的社会保障制度。目前来看，中国已经建立起相对完善的社会保险制度，建立了以《中华人民共和国社会保险法》为基本法律支柱，以工伤保险条例、失业保险条例等法律法规为支撑的社会保险法律体系。

政策性保险，是指国家基于一定的政策而在特定领域运行的不以营利为目的的保险，如投资保险等。

二、保险法

（一）保险法的组成

保险法依照其调整对象、调整关系以及调整手段的不同可以分为保险合同法与保险业法，这其中调整保险人与投保人、被保险人以及受益人之间因保险合同产生的权利义务关系的法律规范称作保险合同法；调整保险业主体的设立、变更、消灭以及规范其内外组织活动中产生的各种权利义务的法律规范称作保险业法。

（二）中国保险法

《中华人民共和国保险法》于 1995 年由全国人大常委会颁布实施，后经多次修改，中国保险法律制度体系逐渐建立并得到完善。

关于中国保险法的立法宗旨，保险法第 1 条规定："为了规范保险活动，保护保险活动当事人的合法权益，加强对保险业的监督管理，维护社会经济秩序和社会公共利益，促进保险事业的健康发展，制定本法。"

依据保险法第 2 条的规定，中国保险法的调整范围为商业保险行为。此外，依照保险法的立法宗旨、调整范围及其法律体系，保险法包括保险合同法与保险业法两部分，它们分别调整两种不同的保险法律关系。

关于保险法的适用范围，保险法第 3 条规定："在中华人民共和国境内从事保险活动，适用本法。"据此，我国保险法仅针对在中国境内从事的保险活动发生效力。

【风险提示】

《中华人民共和国保险法》只适用于在中国境内从事的保险活动，对于不在中国境内从事的保险活动，不适用该法。

【相关案例】

杨某诉中国保险公司人寿保险有限公司乌苏支公司以保险事故发生在境外为由拒赔案

1997 年 11 月 30 日，杨某与中国保险公司人寿保险有限公司乌苏支公司（以下简称人保公司）签订三个保险合同。分别为寿险合同、附加住院医疗保险合同及特约附加住院医疗补贴保险合同。被保险人杨某按照合同的规定，一次缴清了以上三个保险合同的保险费。杨某在与人保公司订立合同时，向人保公司申明其从事货物外运工作。

保险期间内，杨某在从事货物外运工作时，于中华人民共和国境外发生车祸，为此，杨某请求人保公司按照保险合同的约定支付相应的保险金。人保公司则以杨某受伤发生在境外，依照保险法第 3 条关于"在中华人民共和国境内从事保险活动，适用本法"的规定，其损伤不应受到保险法保护为由拒绝赔付保险金。

本案经二审人民法院终审，认定被告提出此保险事故发生在境外，不适用我国保险法的规定的辩解理由不能成立。首先，原告的工作任务就是从事货物外运，其在签订保险合同时也已向被告作了专门说明。其次，保险法第 3 条规定的是适用法律的空间效力，并不是对出险事故发生地的规定。最后，双方所订立的保险合同中也无关于投保人在境外发生人身伤害住院治疗费，应免除保险人赔偿责任的特别约定。因此，该院判决人保公司依照保险合同约定向杨某支付保险金。

【法条指引】

中华人民共和国保险法（节录）

第二条 本法所称保险，是指投保人根据合同约定，向保险人支付保险费，保险人对于合同约定的可能发生的事故因其发生所造成的财产损失承担赔偿保险金责任，或者当被保险人死亡、伤残、疾病或者达到合同约定的年龄、期限等条件时承担给付保险金责任的商业保险行为。

第二节 保险法的基本原则

【规则要点】

我国保险法律体系主要确立了四项基本原则，即最大诚信原则、保险利益原则、损失补偿原则与近因原则。这些原则贯穿保险法始终，体现着保险法的基本精神。了解保险法的基本原则将有助于对保险法条文的理解。

【理解与适用】

一、最大诚信原则

诚实信用原则，是民法的基本原则，要求民事主体在进行民事活动时应当讲究诚实，恪守信用。最大诚信原则是诚实信用原则在保险法中的体现，保险法规定，保险活动当事人行使权利、履行义务应当遵循诚实信用原则。不同于一般的民事活动，保险合同由于其偶然性以及大数法则的要求，需要当事人对于诚实信用原则更加严格地遵守，并具有更高的要求，是所谓最大诚信。

最大诚信原则对合同各方当事人均作出了要求。对于投保人来说，最大诚信原则体现为投保人的如实告知、保证、通知等义务；对于保险人来说，最大诚信原则体现为说明义务、弃权以及禁止反言等制度。当事人违反最大诚信原则的，需要依照法律的规定承担相应的不利后果。

二、保险利益原则

保险利益，是指投保人或者被保险人对保险标的具有法律上承认的利益。保险利益原则，即是要求投保人或者被保险人在订立合同时或者保险事故发生时，应当对保险标的具有保险利益，否则应当承担法律所规定的不利后果。

从目前世界各国立法来看，各国保险法均确认了保险利益原则以防止不当得利和因保险合同的偶然性、权利义务的不对等性所产生的道德风险，中国亦在立法中明确了该项原则。

依据保险法的有关规定，人身保险的投保人在保险合同订立时，对被保险人应当具有保险利益。订立合同时，投保人对被保险人不具有保险利益的，合同无效。同时，在案件审理中，依照《最高人民法院关于适用〈中华人民共和国保险法〉若干问题的解释（三）》（以下简称《保险法解释（三）》）的有关规定，人民法院在审理人身保险合同纠纷案件时，应当主动审查投保人订立保险合同时是否具有保险利益。应当注意的是，在人身保险合同中，只是要求投保人在订立合同时对被保险人具有保险利益。保险合同订立后，如果投保人因某种原因丧失对被保险人的保险利益，不因此影响保险合同的效力。

财产保险的被保险人在保险事故发生时，对保险标的应当具有保险利益，否则被保险人不得向保险人请求赔偿金。

三、损失补偿原则

损失补偿原则，是指当保险事故的发生致使投保人或者被保险人遭受损失时，保险人应当在保险责任的范围内对投保人或者被保险人所遭受的实际损失进行补偿。

对于损失补偿原则，应当从以下两个方面来理解。其一，只有投保人或者被保险人遭受损失时，方得请求保险人支付保险金。其二，保险人应当根据投保人或者被保险人遭受的实际损失，在保险责任的范围内对其承担保险责任，而不能过多支付保险金，使得投保人或被保险人因保险事故的发生获得额外的利益。

损失补偿原则是保险作为一种经济补偿制度的直接体现。也因此，一般认为该原则主要适用于财产保险以及部分约定作为费用补偿型保险的填补被保险人遭受的费用损失的人身保险合同。

依照我国保险法的相关规定，保险合同损失补偿的范围包括以下三个部分：

1. 保险事故发生前后，保险标的所遭受的实际损失。保险标的全部毁损的，应当对保险标的的价值进行全部赔偿；保险标的部分毁损的，应当对保险标的的价值进行部分赔偿。应当注意的是，保险合同对于保险金额作出规定的，赔偿不应超过规定的保险金额。

2. 防止或减少保险标的损失产生的费用。依照我国保险法的规定，保险事故发生时，被保险人应当尽力采取必要的措施，防止或者减少损失。被保险人为防止或者减少保险标的的损失所支付的必要的、合理的费用，由保险人承担；保险人所承担的费用数额在保险标的损失赔偿金额以外另行计算，最高不超过保险金额的数额。

3. 其他费用，是指保险人依据保险法或保险合同规定所应承担的其他的费用。主要包括财产合同中的勘验费用与责任保险中的诉讼、仲裁费用。

依照保险法的规定，保险人、被保险人为查明和确定保险事故的性质、原因和保险标的的损失程度所支付的必要的、合理的费用，由保险人承担。

此外，保险法同时规定，责任保险的被保险人因给第三人造成损害的保险事故而被提起仲裁或者诉讼的，被保险人支付的诉讼以及仲裁等其他必要、合理的费用，除合同另有约定外，由保险人承担。

四、近因原则

近因原则，是保险人只有在造成损失的最直接、有效的原因是保险合同中约定的保险事故时，保险人才承担相应的保险责任。近因原则确立的意义在于，一方面可以避免保险人一味地逃避责任承担；另一方面也可以摆脱投保人或被保险人对保险人承担保险责任漫无边界的要求。

近因原则的适用应遵循以下规则：

1. 在因果关系明确时

（1）对于单一原因造成损失的，如果该单一原因是保险合同中约定的保险事故，则对于该损失应当由保险人承担保险责任；反之，则保险人不承担保险责任。

（2）对于多种同时发生的原因造成损失的，如果该多种原因均为保险合同中约定的保险事故的，则保险人应当赔偿该全部损失；如果该多种原因中有部分原因为保险合同中约定的保险事故的，则保险人应当赔偿由该部分原因所造成的损失；如果该多种原因均不属于保险合同中约定的保险事故的，则保险人不承担保险责任。

（3）对于多种连续发生的原因造成损失的，如果该多种原因均为保险合同中约定的保险事故的，则保险人应当赔偿该全部损失；该多种原因中有部分原因为保险合同中约定的保险事故的，若前因是保险合同中约定的保险事故而后因不是，且后因是前因的必然结果，则保险人应当赔偿全部损失；该多种原因中有部分原因为保险合同中约定的保险事故的，若后因是保险合同中约定的保险事故而前因不是，且后因是前因的必然结果，则保险人不承担保险责任。

（4）对于多种间断发生的原因造成损失的，如果新的独立原因为保险合同约定的保险事故，即使前因不属于约定的保险事故，对于该新的独立原因所造成的损失，保险人应当承担赔偿责任；如果新的独立原因不属于保险合同约定的保险事故，即使前因属于约定的保险事故，对于该新的独立原因所造成的损失，保险人亦不承担保险责任。

2. 在因果关系不明确时

以上是建立在事故因果关系明确的基础上对于近因原则的适用规则，但是在具体实践中，很多事故无法确定原因与事故损失的因果关系，加之因果关系的界定十分复杂，所以有必要适用一种新的规则在因果关系不明确时确定保险人是否应当承担保险责任以及承担保险责任的大小。

对此，《保险法解释（三）》中予以规定，被保险人的损失系由承保事故或者非承保事故、免责事由造成难以确定的，当事人请求保险人给付保险金的，人民法院可以按照相应比例予以支持。根据案件的具体情况，按照承保风险所占事故原因的比例或者程度，判决由保险人承担相应比例的保险责任。

【风险提示】

1. 保险法的基本原则是保险法规范中的基本精神和指导原则。应当注意的是，在相关事项有具体规则的时候，应当适用规则而不能直接适用原则。

2. 在签订投保合同时，投保人务必要对保险人询问的、知道的保险合同有关事项如实告知；保险人务必依照法律规定履行提示说明义务，否则将影响保险合同的效力。

3. 投保人应当确定在投保时对保险标的具有保险利益，否则将影响保险合同的效力。

4. 在保险事故发生后，当事人应当及时有效地保留相关证据，以便索赔、理赔的顺利进行。

【相关案例】

无锡永发电镀有限公司诉中国人民财产保险股份有限公司无锡市锡山支公司财产损失保险合同纠纷案

无锡永发电镀有限公司（以下简称“永发公司”）为该公司甲车向中国人民财产保险股份有限公司无锡市锡山支公司（以下简称“人保公司”）投保机动车损失险等保险。双方签订的保险合同载明：保险期间内，被保险人或其允许的合法驾驶人在使用被保险机动车过程中，因暴雨造成被保险机动车的损失，保险人依照本合同的约定负责赔偿；被保险机动车发动机进水后导致的发动机损坏损失，保险人不负责赔偿。

保险期间内，永发公司法定代表人耿某驾车穿越高架下隧道时，因隧道中存在事发当天前日暴雨所产生的积水导致车辆熄火，发动机受损严重，交警部门认定耿某负全部责任。永发公司以事故近因系暴雨，请求人保公司按照保险合同约定支付保险金。而人保公司认为事故近因是耿某于事故当天在事故路段驾车涉水行驶的行为，而非暴雨，所以拒绝赔付保险金。

人民法院认定，所谓近因，是指引起保险标的损失的直接的、最有效的、起决定性作用的因素，它是导致保险标的受损的直接原因。只有当导致损失的近因属于保险合同约定的承保范围，保险人方才承担保险责任。本案中，暴雨前日导致隧道中积水的事实与事故当日耿某驾驶甲车在积水隧道中涉水行驶的事实间并无必然的、直接的因果关系，而耿某驾车涉水行驶的行为与甲车被淹受损之间存在必然的、直接的因果关系，故本案中，导致甲车受损的近因是耿某的涉水行驶行为。又因该行为不是保险责任范围内的保险事故，故人保公司无须向永发公司支付保险金。

【法条指引】

中华人民共和国保险法（节录）

第五条 保险活动当事人行使权利、履行义务应当遵循诚实信用原则。

第十二条 人身保险的投保人在保险合同订立时，对被保险人应当具有保险利益。

财产保险的被保险人在保险事故发生时，对保险标的应当具有保险利益。

人身保险是以人的寿命和身体为保险标的的保险。

财产保险是以财产及其有关利益为保险标的的保险。

被保险人是指其财产或者人身受保险合同保障，享有保险金请求权的人。投保人可以为被保险人。

保险利益是指投保人或者被保险人对保险标的具有的法律上承认的利益。

第二章

保险合同法总论

对于保险合同的阐释与说明，按照一般与特殊、总论和分论的形式进行。保险合同总论部分旨在阐释保险合同的一般性规则。

第一节　保险合同概述

【规则要点】

保险合同是双务、有偿、非要式合同并多以格式合同形式展现，其以遵守最大诚信原则为特点。保险合同可根据不同的标准进行分类，其中，以保险标的不同而将保险合同分为人身保险合同与财产保险合同的分类方式是中国保险法采取的分类方式，也是保险合同的主要分类方式。

【理解与适用】

一、保险合同的特殊性

（一）保险合同是双方都享有权利义务的合同

依照保险合同的约定，投保人负有向保险人支付保险费用的义务；保险人在保险合同约定的事故发生后或者约定的期限届满时负有向受益人或者被保险人支付保险金的义务。合同双方当事人均依照保险合同享有相应的权利、履行相应的义务。

（二）保险合同是有偿的合同

投保人获得保险人的承保需要其支付保险费用；保险人获得保险费用需要

承担保险风险并且在承保风险实现时承担给付保险金的责任。出于对整个保险基金的管理以及其他投保人利益的保护，不允许当事人订立无偿的保险合同。

（三）保险合同是当事人达成合意即告成立并生效的合同

依照我国保险法的规定，投保人提出保险要求，经保险人同意承保，保险合同成立。据此，只要合同双方当事人意思表示真实并达成合意，合同即告成立并生效。是否签订书面保险合同或者履行其他手续不是保险合同成立的必要条件。

（四）保险合同是要求当事人严格遵守诚实告知、恪守信用的合同

投保人与被保险人对于与保险合同相关的事情都应当秉承诚实信用的理念行事，违反最大诚信原则的应当承担法律所规定的消极后果。需要注意的是，对于投保人的如实告知义务，应当以投保人知道或者应当知道的内容为限。

（五）保险合同是格式合同

出于提高保险业务效率以及规范保险业行为的角度考虑，现代保险合同多为格式合同。这种合同往往由保险人进行拟定，在双方当事人签订合同时交与投保人签署，而保险人对于保险合同条款的规定没有和投保人进行过多协商的余地，投保人只能够决定接受或者不接受合同条款，进而确定投保或者不投保。出于对投保人的保护，保险法要求保险人对于格式条款承担一定的提示说明义务、规定了格式条款无效的情形，并规定了特殊的解释规则等。

二、保险合同的分类

（一）财产保险合同和人身保险合同

依据保险合同标的的不同，可以将保险合同分为人身保险合同与财产保险合同。该种划分方法也是中国保险法对保险合同的划分方法。

人身保险合同，是指以人的寿命和身体为保险标的的保险合同。人身保险合同又可进一步划分为人寿保险合同、健康保险合同和意外伤害保险合同等。

财产保险合同，是指以财产及有关利益为保险标的的保险合同。财产保险合同又可进一步划分为财产损失保险、责任保险、信用保险以及保证保险等。

（二）定值保险合同与不定值保险合同

以是否事先在保险合同中约定保险标的的保险价值，可以将保险合同分为定值保险合同与不定值保险合同。此种划分仅存在于损失补偿型保险合同，对于定额给付型保险合同，则只确定其保险金额并依据保险金额支付保险金即可。

定值保险合同，是指双方当事人事先约定保险标的的保险价值的保险合同。对于该种合同，在保险事故发生后，双方当事人只需要根据保险标的的毁损情况，确定毁损比例，并依照事先约定的保险价值与保险金额确定应当支付保险金的数额。此种保险合同适合于那些保险标的价值不易确定的、且变化不大的合同，通过事先对于保险价值的确定，可以使在保险事故发生后当事人能够快速、高效地确定应当支付保险金的数额。

不定值保险合同，是指双方当事人事先对于保险标的的保险价值不作约定，而待保险事故发生后对保险价值再行确定的保险合同。对于该种合同，在保险事故发生前，当事人不对保险价值进行约定；在保险事故发生后，先对保险事故发生时保险标的的价值进行估算，再根据其毁损情况，在不超过保险金额的范围内确定应当支付保险金的数额。此种保险合同适用于那些保险标的价值变化较大的合同，以防由于保险标的的实际价值过度上涨或者下降，致使先前约定的保险价值数额与保险事故发生时保险标的的实际价值有较大出入，而发生不适当的赔付。

（三）足额保险合同、不足额保险合同和超额保险合同

以保险金额与保险价值间的关系为标准，可以将保险合同分为足额保险合同、不足额保险合同与超额保险合同。

足额保险合同，是指保险金额与保险价值相等的保险合同。对于此种合同，在保险标的因保险事故的出现发生毁损时，保险人需要赔偿保险标的的实际损失。

不足额保险合同，是指保险金额低于保险价值的保险合同。当保险标的因保险事故的出现发生全部毁损时，保险人依照保险金额赔偿；当保险标的因保险事故的出现发生部分毁损时，保险人依照保险金额与保险价值的比例支付保险金。如保险金额 6 万元，保险价值 10 万元，当保险标的出现 2 万元的毁损时，保险人依照比例支付 1.2 万元保险金即可。

超额保险合同，是指保险金额超过保险价值的保险合同。依照我国保

险法的规定，对于超额保险合同，超过部分无效。

（四）损失补偿型保险合同与定额给付型保险合同

根据保险金给付方式的不同，可以将保险合同分为损失补偿型保险合同与定额给付型保险合同。

损失补偿型保险合同，是指在保险事故发生后，保险人根据保险标的所遭受的实际损失，在保险金额限度范围内，确定应当支付的保险金。此种保险合同意在补偿保险标的所遭受的损失，不使被保险人获得额外的收益。财产保险合同均为损失补偿型保险合同。除此之外，一些约定为费用补偿型保险的人身保险合同也为损失补偿型保险合同。

定额给付型保险合同，是指在保险合同约定的事故发生或者约定的期限届满时，保险人按照保险合同约定的保险金额支付保险金的合同。此种保险合同不考虑保险标的发生的实际损失、甚至保险标的并无损失，只在相应条件发生时按照确定的保险金额定额给付保险金。订立定额给付型保险合同主要是因为该种保险标的的价值无法估量。人身保险合同中的人寿保险合同是典型的定额给付型保险合同。

【相关案例】

陈某某与中国太平洋财产保险股份有限公司福清支公司财产保险合同纠纷案

陈某某于2004年购得一辆二手车。2013年7月，陈某某向中国太平洋财产保险股份有限公司福清支公司（以下简称“太平洋保险公司”）投保车损险、商业第三者责任险等商业保险，按新车购置价缴纳保费。同年12月，陈某某之子驾驶被保险车辆发生交通事故，造成车损。经陈某某自行委托的鉴定机构鉴定，修复车辆需支出6.9万多元。陈某某要求太平洋保险公司赔偿车辆维修费、施救费、鉴定费共7.1万多元。太平洋保险公司抗辩称车辆已使用近10年，出险时市场价值为3.1万元，陈某某主张的修复金额远超过车辆实际价值，该车没有修复必要，应推定全损，其只须赔偿车辆实际价值与施救费。

福州市中级人民法院审理认为，本案保险系不定值保险，根据保险法规定应以保险事故发生时被保险车辆的实际价值为赔偿计算标准。本案被保险车辆出险时的实际价值为3.6万多元，远低于车辆拟修复费用，应推定全损。保险以填补实际损失为原则，被保险人不能因保险理赔不当获利，投保人按新车购置价标准确定保险金额并支付保险费，只能获得不超过车辆出险时实际价值的保险保障。保险公司应按车辆出险时的实际价值向陈某某支付理赔款和施救费、鉴定费。但是，保险公司超额收取保险费而不当获利，实质上损害了投保人陈某某的合法权益，陈某某有权另行要求太平洋保险公司退还相应的保险费。

【法条指引】

中华人民共和国保险法（节录）

第五十五条 投保人和保险人约定保险标的的保险价值并在合同中载明的，保险标的发生损失时，以约定的保险价值为赔偿计算标准。

投保人和保险人未约定保险标的的保险价值的，保险标的发生损失时，以保险事故发生时保险标的的实际价值为赔偿计算标准。

保险金额不得超过保险价值。超过保险价值的，超过部分无效，保险人应当退还相应的保险费。

保险金额低于保险价值的，除合同另有约定外，保险人按照保险金额与保险价值的比例承担赔偿保险金的责任。

第二节　保险合同的主体

【规则要点】

保险合同的当事人，是指参与保险合同订立过程的保险合同双方当事人，即投保人与保险人。双方为保险合同的签约主体，依照法律规定及保险合同的约定分别主要承担缴纳保险费用及在保险事故或约定条件到来时支付保险金的义务。

保险合同的关系人，包括被保险人和受益人。两者虽然不必然是保险合同的当事人，但却与保险合同具有一定的利益关系。保险合同的中介人，又称保险合同的辅助人，主要包括保险代理人、保险经纪人以及保险公估人。

【理解与适用】

一、保险合同的当事人

（一）投保人

1. 投保人的概念

投保人，是指与保险人订立保险合同，并按照合同约定负有支付保险费义务的人。

2. 投保人的条件

投保人可以为自然人、法人或者非法人组织。投保人是保险合同的一方当事人，其应当符合以下条件：

（1）投保人应当具有相应的民事行为能力，可以为完全民事行为能力或是限制民事行为能力。对于自然人来说，依照民法总则第2章第1节的有关规定，18周岁以上的成年人或者16周岁以上能以自己的劳动收入作为主要生活来源的未成年人具有完全行为能力；8周岁以上的未成年人以及具有相应精神状况的人具有限制行为能力，其可以独立实施与其年龄、智力以及精神状况等相适应的民事行为或者经其法定代理人的同意或追认实施其他民事行为。对于法人和非法人组织，依照民法总则第57条以及第102条的规定，其均可以以自己的名义从事民事活动。

（2）投保人对保险标的应当具有保险利益。此条主要是针对人身保险合同的要求，我国保险法规定，人身保险的投保人在保险合同订立时，对被保险人应当具有保险利益。这主要是为了防范人身合同中常见的道德风险。

对于投保人享有保险利益的人员范围，保险法规定，投保人对下列人员具有保险利益：

① 本人；

② 配偶、子女、父母；

③ 前项以外与投保人有抚养、赡养或者抚养关系的家庭其他成员、近亲属；

④ 与投保人有劳动关系的劳动者。

除上述规定外，被保险人同意投保人为其订立合同的，视为投保人对被保险人具有保险利益。而对于财产保险合同则不作此要求，仅规定被保险人在保险事故发生时，应当对保险标的具有保险利益，否则其不能要求保险人支付保险金。

（3）投保人须是以自己的名义与保险人签订保险合同，并且依照保险合同的规定缴纳保险费用的当事人。代理人签订保险合同的，被代理人是保险合同的投保人。此外，投保人必须依照保险合同的约定承担给付保险金的义务，否则保险人可以以法律规定的方式终止保险合同。

3. 投保人的权利

（1）指定和变更受益人

依据我国保险法的有关规定，在人身保险合同中，投保人可以指定和变更受益人。但是，投保人指定和变更受益人必须经被保险人同意，否则其行为无效。

（2）变更和解除保险合同

依照我国保险法的有关规定，投保人可以与保险人协商变更保险合同。

此外，依据《保险法解释（三）》的相关规定，在保险合同成立后，投保人享有解除保险合同的权利。投保人解除合同，当事人以其解除合同未经被保险人或者受益人同意为由主张解除合同的行为无效的，人民法院不予支持，但被保险人或者受益人已向投保人支付相当于保险单现金价值的款项并通知保险人的除外。

（3）申请效力中止的保险合同复效

依据保险法的有关规定，人身保险中，在合同没有另行约定的情况下，投保人自保险人催告之日起超过 30 日，或者超过约定的缴纳期限 60 日未支付保险费的，保险合同效力中止。

对于效力中止的合同，投保人可以依照保险法的规定，通过与投保人协商并达成协议，并且补交保险费后，使保险合同的效力恢复。投保人提出恢复合同效力申请并同意补交保险费的，保险人原则上应当同意恢复保险合同效力，但被保险人的危险程度在中止期间显著增加的除外。保险人在收到恢复合同效力的申请后 30 日内未明确表示拒绝的，应认定为同意恢复保险合同的效力。

（4）保险合同解除后领取保险单现金价值的权利

在人身保险合同解除后，存在如何处理保险单现金价值的问题。《保险法解释（三）》对该问题进行了规定，保险合同解除时，投保人与被保险人、受益人为不同主体的，投保人享有领取保险单现金价值的权利，被保险人或者受益人无权要求退还保险单的现金价值的，但当事人可以在保险合同中对该问题另行约定。

4. 投保人的义务

（1）缴纳保险费义务

投保人应当按照保险合同约定的数额与方式向保险人缴纳保险费。缴纳保险费是投保人依照保险合同所负有的主要义务。

投保人不依照保险合同缴纳保险费用的，可能会承担保险合同效力中止、被解除等一系列不利后果。

（2）如实告知义务

投保人在订立保险合同过程中，应当对保险标的的性质、危险状况等情况如实告知保险人，以由保险人决定是否承保以及确定相应的保险费率等。应当注意的是，投保人如实告知的范围以保险人的询问为限，且在当事人对询问范围以内容有争议时，由保险人负举证责任。

依照保险法及《保险法解释（三）》的有关规定，订立保险合同，保险人就保险标的或者被保险人的有关情况提出询问的，投保人应当如实告知。投保人故意或者因重大过失未履行规定的如实告知义务，足以影响保险人决定是否同意承保或者提高保险费率的，保险人有权解除保险合同。保险人未行使合同解除权，不能直接以存在投保人因重大过失未履行如实告知义务并对保险事故的发生有严重影响或者投保人故意不履行如实告知义务的情形为由，对合同解除前发生的保险事故拒绝赔偿。但当事人就拒绝赔偿事宜及保险合同存续另行达成一致的情况除外。

投保人故意不履行如实告知义务，保险人对于合同解除前发生的保险事故，不承担赔偿或者给付保险金的责任，并不退还保险费。投保人因重大过失未履行如实告知义务，对保险事故的发生有严重影响的，保险人对于合同解除前发生的保险事故，不承担赔偿或者给付保险金的责任，但应当退还保险费。

此外，保险人在合同订立时已经知道投保人未如实告知的情况的，保险人不得解除合同；发生保险事故的，保险人应当承担赔偿或者给付保险金的责任。

在人身保险中，体检与如实告知义务间并没有直接的关系。依照《保险法解释（三）》的有关规定，保险合同订立时，被保险人根据保险人的要求在指定的医疗服务机构进行体检，投保人的如实告知义务并不免除；但保险人知道被保险人的体检结果，仍以投保人未就相关情况履行如实告知义务为由要求解除合同的，人民法院不支持其诉求。

（3）维护保险标的安全义务

在保险合同存续期间，投保人负有维护保险标的安全的义务。投保人未按照约定履行其对保险标的安全应尽的责任的，需要承担保险费增加或保险合同被保险人解除等不利后果。

（4）保险事故发生时的通知义务

依照我国保险法的规定，投保人知道保险事故发生后，应当及时通知保险人。故意或者因重大过失未及时通知，致使保险事故的性质、原因、损失程度等难以确定的，保险人对无法确定的部分，不承担赔偿或者给付保险金的责任，但保险人通过其他途径已经知道或者应当及时知道保险事故发生的除外。

（5）保险事故发生后的协助义务

依照中国保险法的有关规定，保险事故发生后，按照保险合同请求保险人赔付或者给付保险金时，投保人、被保险人或者受益人应当向保险人提供其所能够提供的与确认保险事故的性质、原因、损失程度等有关的证明和材料。通过这些材料的提供，保险人可以确定保险标的损失的发生及损失情况，据以确定是否支付保险金以及支付保险金的数额，同时也是其主张保险人代位权的必要材料。

保险人按照合同的约定，认为有关的证明和资料不完整的，应当及时一次性通知投保人、被保险人或者受益人补充提供。

（二）保险人

1. 保险人的概念

保险人是指与投保人订立保险合同，并按照合同约定承担赔偿或者给付保险金责任的保险公司或有关主体。

2. 保险人的条件

依照我国保险法的规定，保险人必须是依法成立的保险公司或相互保险组织。在中国设立保险公司或者相互保险组织的，必须符合保险法以及相关法律法规规定的条件，并应当经中国国务院保险监督管理机构批准。

3. 保险人的权利

根据我国保险法的规定，保险人享有以下权利：

（1）收取保险费用

保险人可以依照保险合同的约定，要求投保人按照约定的数额与方式缴纳保险费用。收取保险费用是保险人依据保险合同所享有的主要权利。保险人收取的保险费用构成了保险基金，用以在保险事故发生时或是约定的条件成就时按照保险合同的约定支付保险金。

应当注意的是，由于人身保险多是通过分期付款支付保险费，投保人在长期支付保险费的过程中容易出现经济困难难以支付保险费的情况。尤其是人寿保险，其具有较强的储蓄性质，更像是一种投资活动，为此一般允许投保人放弃该种投资活动。对此，我国保险法规定，保险人对人寿保险的保险费，不得用诉讼方式要求投保人支付。

（2）变更和解除合同

依照我国保险法的规定，保险人可以和投保人协商变更保险合同。除此之外，保险人亦在一定情况发生时享有法律规定的变更保险合同的权利，如保险标的在保险期间内危险程度显著增加的，保险人可以相应地提高保险费用或者解除合同。

对于保险合同的解除，保险人不像投保人具有任意解除权。但在某些特定情况发生时，如在合同有效期内保险标的的危险程度显著增加或是保险合同效力终止后投保人仍拒绝缴纳约定的保险费用等情况时，保险人则享有解除保险合同的权利。

（3）代位求偿权

在财产保险中，当保险标的因为第三人的侵权或违约等原因而遭受损失时，被保险人可以请求第三人承担损害赔偿责任，也可以直接请求保险人依照保险合同的约定支付保险金。在被保险人请求保险人支付保险金时，保险人即代位取得被保险人对于第三人相应的损害赔偿请求权，该代位取得损害赔偿请求权的权利即是保险人的代位求偿权。

我国保险法详细规定了保险人代位求偿权。因第三者对保险标的的损害而造成保险事故的，保险人自向被保险人赔偿保险金之日起，在赔偿金额范围内代位行使被保险人对第三者请求赔偿的权利。前述规定的保险事故发生后，被保险人已经从第三者取得损害赔偿的，保险人赔偿保险金时，可以相应扣减被保险人从第三者已取得的赔偿金额。保险人依照保险法的规定行使代位请求赔偿的权利，不影响被保险人就未取得赔偿的部分向第三者请求赔偿的权利。此外，保险人应当以自己的名义行使保险人代位求偿权，并且保险人代位求偿权的诉讼时效期间应当自其取得代位求偿权之日起算。

由于保险人的代位求偿权建立在被保险人对第三人的损害赔偿请求权上，因此，第三人的损害赔偿请求权对于保险人而言有重大利益，被保险人擅自放弃的应依法承担相应的不利后果。依据我国保险法及有关司法解释的规定如下。

① 保险合同订立前，被保险人已放弃因第三人损害其保险标的而产生的请求其赔偿的权利的，该放弃行为有效，保险人无权就相应部分主张行使代位求偿权。但在保险合同订立时，保险人就是否存在上述放弃情形提出询问时，投保人应如实告知，否则保险人可以因其不能代为行使请求赔偿的权利而请求被保险人返还相应保险金，保险人知道或者应当知道上述情形仍同意承保的除外。

② 保险合同订立后，保险事故发生前，被保险人放弃因第三人损害其保险标的而产生的请求其赔偿的权利的，该放弃行为有效，保险人就相应部分不承担赔偿保险金的责任。

③ 保险事故发生后，保险人未赔偿保险金之前，被保险人放弃因第三人损害其保险标的而产生的请求其赔偿的权利的，该放弃行为有效，保险人不承担赔偿保险金的责任；保险人向被保险人赔偿保险金后，被保险人未经保险人同意放弃因第三人损害其保险标的而产生的请求其赔偿的权利的，该放弃行为无效，保险人可以行使代位求偿权向第三者追偿。

被保险人应当配合保险人行使代位求偿权，因其故意或者因重大过失致使保险人不能行使代位请求赔偿权利的，保险人可以扣减或者要求返还相应的保险金。

由于保险人获得代位求偿权的事实与对被保险人负有损害赔偿责任的第三人就上述事实的认知会存在时间上的间隔，因此，在保险人获得代位求偿权的事实尚未通知第三人或者相应通知到达第三人前，第三人在被保险人已经从保险人处获赔的范围内又向被保险人作出赔偿，保险人无权再向第三人主张行使代位求偿权，但可要求保险人返还相应的保险金。而若保险人获得代位求偿权的事实已经通知到第三人，第三人又向被保险人作出赔偿的，保险人则有权向该第三人主张代位求偿的权利。

需要注意的是，不是所有因第三者对保险标的的损害而造成的保险事故均可以产生保险人代位求偿权。因保险人的家庭成员或者其组成成员的原因造成保险标的在保险责任范围内的损失时，原则上不产生保险人代位求偿权，但其家庭成员或者组成成员故意的除外。

此外，代位求偿权只存在于财产保险以及部分损失补偿型人身保险中（如在健康保险中对由此产生的医疗费用支付保险金），对于定额给付型的人身保险，保险人不得主张代位求偿。也就是说，在定额给付型的人身保险中，被保险人可以同时要求保险人依照保险合同支付保险金并要求第三者承担侵权损害赔偿责任，最终获得二倍的赔偿。

对于该部分损失补偿型的人身保险，《保险法解释（三）》作了进一步阐释，保险人给付费用补偿型的医疗费用保险金时，主张扣减被保险人从公费医疗或者社会医疗保险取得的赔偿金额的，应当证明该保险产品在厘定保险费率时已经将公费医疗或者社会医疗保险部分相应扣除，并按照扣减后的标准收取保险费，否则其应当按照保险合同的约定在保险金额范围内对被保险人因支付医疗费用造成的损失给付保险金。被保险人或者受益人所获得的赔偿不得超过被保险人实际遭受的损失。

在因保险人行使代位求偿权而以造成保险事故的第三人为被告提起的诉讼中，以被保险人与第三人之间的法律关系确定管辖法院。

（4）对保险标的进行检查并提出建议的权利

保险标的的安全状况、危险程度直接影响保险事故发生的可能性、保险标的的风险，并直接关系着保险人的利益，但保险标的往往由被保险人实际控制。为此，对于保险标的的安全状况，保险人应当享有监督被保险人履行对保险标的的安全义务的权利。对此，我国保险法规定，保险人可以按照合同约定对保险标的的安全状况进行检查，及时向投保人、被保险人提出消除不安全因素和安全隐患的书面建议。

（5）获得保险标的残值权利的权利

在财产保险合同中，保险人在保险事故发生后依照保险合同的约定向被保险人支付保险金。被保险人通过获得保险金而弥补因保险标的毁损造成的损失，根据损失补偿原则，此时不应再由其享有保险标的的残值权利以获得额外的收益，保险标的的残值权利应当按照保险人支付的保险金额与保险价值的比例归属于保险人。对此，我国保险法确立了相关规则：保险事故发生后，保险人已支付了全部保险金额，并且保险金额等于保险价值的，受损保险标的的全部权利归于保险人；保险金额低于保险价值的，保险人按照保险金额与保险价值的比例取得受损保险标的的部分权利。

4. 保险人的义务

(1) 保险合同订立的提示说明义务

在保险合同订立过程中，出于便捷、高效以及保险业务规范化等要求，通常使用保险人提供的格式合同或者格式条款。为了避免保险人凭借自己的优势地位损害投保人的利益，我国保险法规定，在订立保险合同，采用保险人提供的格式条款的，保险人向投保人提供的投保单应当附格式条款，保险人应当向投保人说明合同的内容。对保险合同中免除保险人责任的条款，保险人在订立合同时应当在投保单、保险单或者其他保险凭证上作出足以引起投保人注意的提示，并对该条款的内容以书面或者口头形式向投保人作出明确说明；未作出明确说明的，该条款不产生效力。也就是说，对于保险人提供的格式条款中免除其责任的条款，保险人应当同时履行提示以及明确说明义务，方得使该条款生效。保险合同订立的提示说明义务是最大诚信原则在保险合同订立过程中的体现。

对于何为上述保险法中规定的“免责条款”，《最高人民法院关于适用〈中华人民共和国保险法〉若干问题的解释（二）》（以下简称《保险法解释（二）》）进行了阐释，即保险人提供的格式合同文本中的责任免除条款、免赔额、免赔率、比例赔付或者给付等免除或者减轻保险人责任的条款，可以认定为保险法上述规则中规定的“免除保险人责任的条款”。保险人因投保人、被保险人违反法定或者约定义务，享有解除合同权利的条款，不属于保险法上述规则中规定的“免除保险人责任的条款”。

由于法律、行政法规中规定的禁止性规定是所有人对其含义能够理解的，故在保险人将法律、行政法规的禁止性规定作为免责事由时，保险人履行提示义务即可使该条款生效，无须再对其履行说明义务。

对于保险人履行上述提示说明义务的方式，在保险合同订立时，保险人在投保单或者保险单等其他保险凭证上，对保险合同中免除保险人责任的条款，足以引起投保人注意的文字、字体、符号或者其他明显标志作出提示的，即应当认定其履行了保险法上述规则中规定的提示义务。保险人对保险合同中有关免除保险人责任条款的概念、内容以及法律后果以书面或者口头形式作出常人能够理解的解释说明的，即应当认定保险人履行了保险法上述规则规定的明确说明义务。

保险合同是非要式合同，只要投保人与保险人达成订立保险合同的合意，合同即告成立，而无须特定的形式。在科学技术发展的今天，越来越多的保险合同通过网络、电话等新兴形式订立，保险人的提示说明义务也往往以这些形式履行。为此，依照《保险法解释（二）》的有关规定，通过网络、电话等方式订立的保险合同，保险人以网页、音频、视频等形式对免除保险人责任条款予以说明的，即可认定保险人已经履行了提示和说明义务。

保险人对其已经履行明确说明义务承担举证责任。投保人对保险人履行了明确说明义务在相关文书上签字、盖章或者以其他形式予以确认的，应当认为保险人履行了该义务，但另有证据证明保险人没有履行该明确说明义务的除外。

此外，在财产保险合同中，只要保险人已依法向投保人履行了提示和明确说明义务，即使之后发生保险标的的转让，投保人也不必再次向受让人履行上述提示及明确说明义务。

（2）给付保险金的义务

在保险期间内，保险事故发生或者约定的支付保险金的条件成就的，保险人应当按照保险合同的约定支付保险金，此为保险人依照保险合同所负担的主要义务。应当注意的是，投保人为被保险人订立以死亡为给付保险金条件的保险合同，当被保险人被宣告死亡时，保险人应当按照合同约定支付保险金。被保险人被宣告死亡之日在保险责任期间之外，但有证据证明下落不明之日在保险责任期间以内，保险人亦应当支付保险金。

但在以下情况发生时，即使在保险期间内发生了保险事故，保险人亦不承担给付保险金的义务。

第一，投保人违反如实告知义务。

投保人故意不履行如实告知义务，保险人对于合同解除前发生的保险事故，不承担给付保险金的责任并不退还保费；投保人因重大过失未履行如实告知义务，对保险事故的发生有严重影响的，保险人对于合同解除前发生的保险事故，不承担给付保险金的责任，但应当退还保费。应当注意的是，保险人在合同订立时已经知道投保人未如实告知的情况，发生保险事故的，保险人应当承担给付保险金的责任。

第二，投保人、被保险人或者受益人未履行通知义务。

在投保人、被保险人或者受益人知道保险事故发生后故意或因重大过失未及时通知保险人，致使保险事故的性质、原因、损失程度等难以确定的，保险人对无法确定的部分，不承担给付保险金的责任；但保险人通过其他途径已经及时知道或者应当及时知道保险事故发生的，仍应当承担相应的保险责任。

第三，保险欺诈。

投保人、被保险人故意制造保险事故的，保险人有权解除合同，不承担给付保险金的责任，并且原则上不退还保费。但是，投保人故意造成被保险人死亡、伤残或者疾病，并且已经交足两年以上保险费的，保险人应当按照合同约定向其他权利人退还保险单的现金价值。

保险事故发生后，投保人、被保险人或者受益人以伪造、变造的有关证明、资料或者其他证据，编造虚假的事故原因或者夸大损失程度的，保险人对其虚报的部分不承担给付保险金的责任。

第四，被保险人自杀。

以被保险人死亡为给付保险金条件的合同，自合同成立或者合同恢复效力之日起二年内，被保险人自杀的，保险人不承担给付保险金的责任，但被保险人自杀时为无民事行为能力人的除外。保险人因为被保险人自杀而不承担给付保险金责任的，应当按照合同约定退还保险单的现金价值。此外，由于上述规则的适用涉及一些重要证据的举证，《保险法解释（三）》对相关举证责任进行了分配。保险人以被保险人自杀为由拒绝给付保险金的，由保险人承担举证责任。受益人或者被保险人的继承人以被保险人自杀时无民事行为能力为由抗辩的，由其承担举证责任。

第五，被保险人故意犯罪或者抗拒依法采取的刑事措施。

因被保险人故意犯罪或者抗拒依法采取的刑事强制措施导致其伤残或者死亡的，保险人不承担给付保险金的责任。投保人已交足二年以上保险费的，保险人应当按照合同约定退还保险单的现金价值。《保险法解释（三）》对上述条款中相关事实间的因果关系的举证责任进行了分配：保险人以被保险人故意犯罪或者抗拒依法采取的刑事措施造成保险标的损失为由不承担给付保险金责任的，应当证明被保险人的死亡、伤残结果与其实施故意犯罪或者抗拒依法采取的刑事措施的行为之间存在因果关系。但被保险人在羁押、服刑期间因意外或者疾病伤残或者死亡，保险人则不得以被保险人故意犯罪或者抗拒依法采取的刑事措施造成保险标的损失为由不承担给付保险金的责任。此外，对于上述条款中“被保险人故意犯罪”的认定，应当以刑事侦查机关、检察机关和审判机关的生效法律文书或者其他结论性意见为依据，而不能依照保险人或其他人的主观判断。

第六，被保险人转让保险标的时未履行通知义务。

在财产保险中保险标的转让的，被保险人、受让人应当及时通知保险人。被保险人、受让人未履行上述通知义务的，因转让导致保险标的的危险程度显著增加而发生保险事故的，保险人不承担赔偿保险金的责任。

第七，被保险人在保险标的危险程度显著增加时未履行通知义务。

在财产保险中，保险标的的危险程度在合同有效期内显著增加的，被保险人应当按照合同约定及时通知保险人。被保险人未履行规定的通知义务的，因保险标的的危险程度显著增加而发生保险事故，保险人不承担赔偿保险金的责任。

第八，被保险人超出合同约定的医保标准医疗。

依照《保险法解释（三）》的有关规定，保险合同约定按照基本医疗保险的标准核定医疗费用的，保险人无权以被保险人的医疗支出超出基本医疗保险范围为由拒绝给付保险金，但是，保险人有证据证明被保险人支出的费用超过基本医疗保险同类医疗费用标准的，可以对超出部分拒绝给付保险金。对于该条规定，应当注意理解“基本医疗保险同类医疗费用标准”的含义，不能将其理解为“基本医疗保险用药范围”。对于基本医疗保险范围外的医疗项目支出，保险人应当按照基本医疗保险范围内的同类医疗费用标准赔付。

第九，被保险人未在合同约定的医疗机构医疗。

依照《保险法解释（三）》的有关规定，除被保险人因为情况紧急需要立即就医的以外，被保险人应当在保险合同约定的医疗服务机构就医。

被保险人未在保险合同约定的医疗服务机构接受治疗的，保险人可以拒绝给付保险金。

(3) 法定情况下降低保险费用的义务

保险费用是根据保险标的的保险价值、保险标的存在的风险等情况厘定的。为此，在上述情况发生明显变化时，保险人应当根据具体变化提升或者降低保险费用。依照保险法的规定，有下列情形之一的，除合同另有约定外，保险人应当降低保险费，并按日计算退还相应的保险费：

① 据以确定保险费率的有关情况发生变化，保险标的的危险程度明显减少的；

② 保险标的的保险价值明显减少的。

(4) 承担必要的、合理的相关费用的义务

保险人应当依照法律的规定，承担必要的、合理的有关费用。依照我国保险法的规定，该费用主要包括施救费用、损失勘查费用以及责任保险的诉讼或者仲裁费用。

施救费用，是指保险事故发生后，被保险人为防止或者减少保险标的的损失所支付的必要的、合理的费用。保险人所承担的该费用数额在保险标的损失赔偿金额以外另行计算，但最高不超过保险金额的数额，且其对该费用的承担不以有关行为产生实际效果为必要。

损失勘查费用，是指保险事故发生后，保险人、被保险人为查明和确定保险事故的性质、原因和保险标的的损失程度所支付的必要的、合理的费用。

责任保险的诉讼或者仲裁费用，是指在责任保险中，责任保险的被保险人因给第三者造成损害的保险事故而提起诉讼或者仲裁所支付的必要和合理的费用。

(5) 保密义务

保险人及其工作人员，对其在保险业务活动中所接触到的个人隐私、商业秘密等信息，应当予以保密而不能泄露给他人。保险人违反保密义务的，须就此造成的损失承担相应责任。

(6) 返还解约金

在保险合同解除或者无效等情况下，法律规定保险人应当返还保险费

或者保险单现金价值的，保险人应当予以返还。对于返还保险费或者保险单现金价值的方式，应当遵守法律的规定与合同的约定。

二、保险合同的关系人

保险合同的关系人，包括被保险人和受益人。两者虽然不必然是保险合同的当事人，非保险合同的签订主体，但却与保险合同具有一定的利益关系，依照法律规定及保险合同约定享有相应的权利、承担相应的义务。

（一）被保险人

1. 被保险人的概念

被保险人是指其财产或者人身受保险合同保障，享有保险金请求权的人。

2. 被保险人的条件

在保险法律关系中，被保险人的财产或者人身受到保险合同的保障，保险事故的发生将使被保险人遭受财产或者人身上的损失，因此，被保险人必须与保险标的具有某种联系。在财产保险中，被保险人是保险标的的所有人、其他权利人或者享有其他的法律上所承认的利益的人；在人身保险中，被保险人是其身体或者寿命等在保险事故发生后将遭受损害的人，被保险人的身体或者寿命等是保险合同的保险标的。当投保人为了自己的利益订立保险合同时，投保人与被保险人是同一人。

在年龄问题上，为防止受益人等杀害被保险人以谋求保险金的情况发生，预防道德风险，我国保险法对死亡保险的被保险人作出了规定。投保人不得为无民事行为能力人投保以死亡为给付保险金条件的人身保险，保险人也不得承保，但父母可以为其未成年子女投保该人身保险，但被保险人死亡给付的保险金总和不得超过国务院保险监督管理机构规定的限额。

3. 被保险人的权利

（1）人身保险合同中的同意权

依照我国保险法的规定，在人身保险合同中，被保险人可以同意法律规定的其他人为自己订立保险合同，即具有同意权。

以死亡为给付保险金条件的合同，未经被保险人同意并认可保险金额的，合同无效。按照以死亡为给付保险金条件的合同所签发的保险单，未经被保险人书面同意，不得转让或者质押。但对于父母为其未成年子女投保的人身保险，则并不因其未经被保险人同意并认可保险金额而无效。

《保险法解释（三）》规定了死亡保险合同中被保险人同意并认可保险金额的形式。被保险人同意并认可保险金额可以采取书面形式、口头形式或者其他形式；可以在合同订立时作出，也可以在合同订立后追认。有下列情形的，应认定为被保险人同意投保人为其订立保险合同并认可保险金额：

①被保险人明知他人代其签名同意而未表示异议的；

②被保险人同意投保人指定的受益人的；

③有证据足以认定被保险人同意投保人为其投保的其他情形。

同时，根据《保险法解释（三）》的有关规定，被保险人享有撤销其同意投保人为自己订立死亡保险合同的同意意思表示，但应当以书面形式。被保险人行使上述撤销权后，保险合同解除。

对于未成年人以外的其他履行监护职责的人为未成年人订立以死亡为给付保险金条件的合同，当事人主张参照“被保险人父母为未成年子女订立以死亡保险合同不必经过被保险人同意并认可保险金额”的规定认定该合同有效的，人民法院不予支持，但经未成年人父母同意的除外。

（2）请求支付保险金的权利

被保险人是其人身或者财产受到保险合同保障的人。在保险事故发生致使被保险人的人身或者财产遭受损失时，被保险人当然享有请求保险人依照保险合同的约定支付保险金的权利，这在财产保险以及人身保险中均适用。但是，在人身保险中，保险事故的发生很可能使得被保险人丧失请求保险人支付保险金的能力。此时，则由约定的受益人享有请求保险人支付保险金的权利，该权利是被保险人请求支付保险金权利的体现。

（3）指定和变更受益人的权利

如上所述，在人身保险中，尤其是死亡保险，保险事故的发生很可能使得被保险人丧失请求保险人支付保险金的能力。为此，在人身保险中应当赋予被保险人对受益人的选择权，具体表现为指定和变更受益人的权利。

对于受益人的指定，依照我国保险法的有关规定，人身保险的受益人由投保人或者被保险人指定。投保人指定受益人时须经被保险人同意。投保人为与其有劳动关系的劳动者投保人身保险，不得指定被保险人及其近亲属以外的人为受益人。被保险人为无民事行为能力人或者限制民事行为能力人的，可以由其监护人指定受益人。投保人未经被保险人同意而指定受益人的，指定行为无效。

对于受益人的变更，依照我国保险法的有关规定，被保险人或者投保人可以变更受益人并书面通知保险人。保险人收到变更受益人的书面通知后，应当在保险单或者其他保险凭证上批注或者附贴批单。投保人变更受益人时须经被保险人同意。

投保人或者被保险人变更受益人，当事人的变更行为自意思表示发出时生效的。投保人或者被保险人变更受益人未通知保险人的，该变更不对保险人发生效力，保险人仍可以通过向原受益人支付保险金履行义务。投保人变更受益人未经被保险人同意的，该变更行为无效。

投保人或者被保险人在保险事故发生后变更受益人，变更后的受益人无权请求保险人给付保险金。

4. 被保险人的义务

（1）维护保险标的安全的义务

在财产保险合同中，被保险人应当遵守国家有关消防、安全、生产操作、劳动保护等方面的规定，基于通常注意、维护保险标的的安全。

投保人、被保险人未按照约定履行其对保险标的的安全应尽责任的，保险人有权要求增加保险费或者解除合同。

（2）保险标的危险程度显著增加的通知义务

保险标的的危险程度显著增加，是指在保险期间内，保险标的发生保险事故的可能性不合理地增加，且该种增加是当事人在订立保险合同时没有预料到的。由于保险标的的危险程度直接关乎保险人的利益，故对于此情况，被保险人应当及时通知保险人。保险人可以按照合同约定增加保险费或者解除合同。保险人解除合同的，应当将已收取的保险费，按照合同约定扣除自保险责任开始之日起至合同解除之日止应收的部分后，退还投保人。

对于因保险标的转让导致保险标的的危险程度显著增加的，保险人自收到被保险人或者受让人通知之日起 30 日内，可以按照合同约定增加保险费或者解除合同。

被保险人未履行上述规定的通知义务的，因保险标的的危险程度的显著增加而发生的保险事故，保险人不承担赔偿保险金的责任。

(3) 保险标的转让的通知义务

在财产保险合同中，被保险人负有在转让保险标的时及时通知保险人的义务，但货物运输保险合同和定有约定的合同除外。

被保险人、受让人未履行上述通知义务，因转让导致保险标的的危险程度显著增加而发生保险事故的，保险人不承担赔偿保险金的责任。

(4) 保险事故发生时的通知义务

被保险人知道事故发生后，应当及时通知保险人。此义务是投保人、被保险人与受益人均负有的义务。

(5) 保险事故发生后的协助义务

保险事故发生后，在按照合同请求保险人支付保险金时，被保险人负有向保险人提供其所能够提供的事故相关材料的义务。此义务是投保人、被保险人与受益人均负有的义务。

(6) 防止或者减少损失的义务

在保险事故发生时，被保险人负有采取相应措施防止或者减少损失的义务，被保险人不能够因为已经为保险标的订立了保险合同就放任损失的发生。

对于因采取上述措施而支付的必要费用，由保险人承担。保险人所承担的费用数额在保险标的损失赔偿金额以外另行计算，最高不超过保险金额的数额。

(7) 保险人代位求偿权的协助义务

在财产保险中，保险人向第三者行使代位请求赔偿的权利时，被保险人应当向保险人提供必要的文件和所知道的有关情况。被保险人因故意或者重大过失未履行上述义务，致使保险人未能行使或者未能全部行使代位请求赔偿权利的，保险人有权要求在其损失范围内扣减或者返还相应的保险金。

(二) 受益人

1. 受益人的概念

受益人，是指由投保人或者被保险人在保险合同中指定的，在保险事故发生时，对保险人享有保险金请求权的人。

2. 受益人的条件

依据我国保险法及其通常理解，受益人只存在于人身保险，而不存在财产保险中。因为在人身保险中，依人身保险的特性而使得被保险人与受益人可能是两个不同的主体，被保险人与保险金请求权往往分离，尤其是在以死亡为承担保险责任条件的人身保险中；而财产保险中，被保险人享有保险金请求权，也就不存在保险法上的受益人。

由于人身保险具有较高的道德风险，故对于人身保险，尤其是其中关于受益人的确定规则应当十分慎重。依照我国保险法的有关规定，人身保险的受益人由被保险人或者投保人指定。投保人指定受益人时须经过被保险人同意。投保人为与其有劳动关系的劳动者投保人身保险，不得指定被保险人及其近亲属以外的人为受益人。被保险人为无民事行为能力人或者限制民事行为能力人的，可以由其监护人指定受益人。

《保险法解释（三）》对此进一步规定，投保人指定受益人未经被保险人同意的，该指定行为无效。当事人对保险合同约定的受益人存在争议，除投保人、被保险人在保险合同之外另有约定外，按照以下情形分别认定：

（1）受益人约定为“法定”或者“法定继承人”的，以继承法规定的法定继承人为受益人；

（2）受益人仅约定为身份关系的，投保人与被保险人为同一主体时，根据保险事故发生时与被保险人的身份关系确定受益人；投保人与被保险人为不同主体时，根据保险合同成立时与被保险人的身份关系确定受益人；

（3）约定的受益人包括姓名和身份关系，保险事故发生时身份关系发生变化的，认定为未指定受益人。

在受益人数量问题上，被保险人或者投保人可以指定一人或者数人为受益人。受益人为数人的，被保险人或者投保人可以确定受益顺序和受益份额；未确定受益份额的，受益人按照相等份额享有受益权。

3. 受益人的权利

（1）请求保险人支付保险金的权利

受益人是人身保险合同中约定的，在保险事故发生后，享有保险金请求权的人。因此，受益人的权利主要表现为其请求保险人按照保险合同的约定支付保险金的权利。

受益人基于保险合同的约定享有保险金请求权。但是，依照中国保险法的有关规定，被保险人死亡后，有下列情形的，保险金作为被保险人的遗产，由保险人依照《中华人民共和国继承法》的规定履行给付保险金的业务：

① 没有指定受益人，或者受益人指定不明无法确定的；

② 受益人先于被保险人死亡，没有其他受益人的；

③ 受益人依法丧失收益权或者放弃受益权，没有其他受益人的。

受益人与被保险人在同一事件中死亡，且不能确定其死亡先后顺序的，推定受益人死亡在先。对于该遗产，被保险人的继承人要求保险人给付保险金的，保险人有权以其已向持有保险单的其他继承人给付保险金为由拒绝给付。受益人与被保险人存在继承关系，在同一事件中死亡且不能确定死亡先后顺序的，应根据保险法中的上述规则而非继承法中的继承顺序推定受益人死亡在先，并按照保险法及相关司法解释的有关规定确定保险金归属。

对于有数人为受益人而部分受益人在保险事故发生前死亡、放弃受益权或者依法丧失受益权的，该受益人应得的受益份额按照合同的约定处理；保险合同没有约定的或者约定不明的，该受益人应得的受益份额按照以下情形分别处理：

① 未约定受益顺序和受益份额的，由其他受益人平均享有；

② 未约定受益顺序但约定受益份额的，由其他受益人按照相应比例享有；

③ 约定受益顺序但未约定受益份额的，由同顺序的其他受益人平均享有；同一顺序没有其他受益人的，由后一顺序的受益人平均享有；

④ 约定受益顺序和受益份额的，由同顺序的其他受益人按照相应比例享有；同一顺序没有其他受益人的，由后一顺序的受益人按照相应比例享有。

此外，为避免受益人为取得保险金伤害被保险人，我国保险法规定，受益人故意造成被保险人死亡、伤残、疾病的，或者故意杀害被保险人未遂的，该受益人丧失受益权。

（2）转让保险金请求权的权利

保险事故发生后，受益人有权将与本次保险事故相对应的全部或者部分保险金请求权转让给第三人，但根据合同性质、当事人约定或者法律规定不得转让的除外。

4. 受益人的义务

（1）保险事故发生时的通知义务

受益人知道事故发生后，应当及时通知保险人。此义务是投保人、被保险人与受益人均负有的义务。

（2）保险事故发生后的协助义务

保险事故发生后，在按照合同请求保险人支付保险金时，受益人负有向保险人提供其所能够提供的事故相关材料的义务。此义务是投保人、被保险人与受益人均负有的义务。

三、保险合同的中介人

保险合同的中介人，又称保险合同的辅助人，是指协助保险公司经营保险业务的机构或者个人。在中国保险法律制度中，保险中介人主要包括保险代理人、保险经纪人以及保险公估人。

（一）保险代理人

保险代理人，是指根据保险人的委托，向保险人收取佣金，在保险人授权范围内以保险人的名义代为办理保险业务的机构或个人。对此，应当注意以下几点：

1. 对于保险代理人，其必须获得保险人关于代为办理相关保险业务的授权，并在授权范围内行事；

2. 保险代理人可以为机构，也可以为个人，但应当具有从事保险代理业务所需的资质；

3. 保险代理人以保险人的名义从事保险活动，活动的后果直接由保险人承担。

（二）保险经纪人

保险经纪人，是指基于投保人的利益，为投保人与保险人订立保险合同提供中介服务，并依法收取佣金的人。保险经纪人以自己的名义提供中介服务，且该中介服务表现为为投保人与保险人订立保险合同提供机会。

根据《保险经纪人监管规定》的有关规定，保险经纪人可以经营下列全部或部分业务：

1. 为投保人拟订投保方案、选择保险公司以及办理投保手续；

2. 协助被保险人或者受益人进行索赔；

3. 再保险经纪业务；

4. 为委托人提供防灾、防损或者风险评估、风险管理咨询服务；

5. 国务院保险监督管理机构规定的与保险经纪有关的其他业务。

（三）保险公估人

保险公估人，是指专门从事保险标的的查验、评估及保险事故的认定、估损、理算等业务，并据此向当事人委托方收取合理费用的机构或个人。保险公估人应当保持独立、公正的行业经营原则，如实、客观地进行公估活动，对自己的公估结果负责。保险公估人出具的公估报告书并不具有法律权威性，一般作为保险理赔的参考依据。

根据《保险公估人监管规定》的有关规定，保险公估人可以经营下列全部或者部分业务：

1. 保险标的承保前和承保后的检验、估价及风险评估；

2. 保险标的出险后的查勘、检验、估损理算及出险保险标的残值处理；

3. 风险管理咨询；

4. 国务院保险监督管理机构规定的其他业务。

【风险提示】

1. 应当注意与防范投保人保险合同单方解除权的使用，及时与投保人沟通或者由被保险人、受益人投保，避免保险合同的解除。

2. 保险人应当在订立合同时依法履行提示说明义务，并保留能够证明其提示说明义务已经履行的证据，避免在发生纠纷时举证不能。

3. 在订立以死亡为给付保险金条件的保险合同时，被保险人对投保人、受益人的选择应当慎重，防范道德风险。

4. 被保险人应当注意维护保险标的的安全并在保险标的危险程度增加时及时通知保险人，否则可能致使保险费增加、保险合同解除、保险人不赔偿等不利后果。

【相关案例】

案例1 李某诉甲保险公司财产保险纠纷案

李某为其小型轿车在甲保险公司投保机动车损失保险。保险期间内，李某驾驶该车发生交通事故，并负交通事故全部责任。事故发生后，甲保险公司认定李某所投保的车辆全损。甲保险公司在定损时发现，李某系某网约车平台签约司机，事故发生时系通过该网约车平台App接单从事营运行为，遂拒绝对上述车辆损失承担保险责任，李某提起诉讼，要求判令甲保险公司在机动车损失险限额内赔付施救费、车辆损失。

人民法院认为：李某的职业是某网约车平台的司机，在事发地点是为了接单。涉案商业险保险单明确载明，车辆的使用性质为家庭自用汽车。某网约车平台是经营网约车服务的企业，乘客在接受服务后需要向司机支付一定的费用。李某系以“非营运车辆”向保险公司投保，但其事实上通过网约车平台实施了收费营运活动，改变了投保车辆用途。而由于营运车辆较非营运车辆在途驾驶时间上会有明显增加，交通事故出现率也会有明显增高，因此营运车辆的保险费率要高于非营运车辆。李某作为车辆的投保人在将车辆投入营运时，有义务通知保险人，并办理保单批改手续。在保险合同未办理变更前，机动车损失险保险人对非营运性质车辆从事营运活动时发生的保险事故，不负保险责任。

案例2 中国人民财产保险股份有限公司临汾市北城支公司与张某家属等机动车交通事故责任纠纷上诉案

刘某驾驶许某所有的重型半挂牵引车（以下简称“事故车辆”）行驶时，与张某两轮摩托车相撞，致张某当场死亡，两车受损。交警认定刘某负此事故主要责任。另查明，事故车辆在中国人民财产保险股份有限公司临汾市北城支公司（以下简称“人保公司”）投保有交强险和商业险（主车第三者责任限额人民币100万元，挂车第三者责任限额人民币5万元），事故发生在保险期限内。

张某家属向法院提起诉讼请求刘某、许某、人保公司等赔偿原告死亡赔偿金、丧葬费等费用。该案一审判决基本支持了张某家属请求被告赔偿的请求。被告人保公司以其在商业第三者责任险限额内应当免赔10%等事由提起上诉。

就人保公司提出额10%的免赔问题，二审法院认为，上诉人提出的因车辆超载应实行10%的绝对免赔率的上诉理由，因其在一审中只提交了保险条款，未提交其他证据证明其就免责条款内容向投保人履行了提示或明确说明义务，且二审期间当事人均未提交新证据，根据《中国人民共和国保险法》第17条之规定，该免责条款不产生效力，故上诉人提出的在商业第三者责任险限额内应当免赔10%的上诉理由不能成立，本院依法不予支持。

案例3　中国人寿保险股份有限公司湖北省分公司等诉宋某某保险合同纠纷案

宋某某与王某系母女关系。2014年初宋某某向中国人寿保险股份有限公司湖北省分公司（以下简称“人寿保险公司”）投保两全保险，被保险人是王某。该保险条款载明，被保险人生存至指定时间，保险人按约定给付生存保险金；被保险人在保险期间内身故，保险人按约定给付身故保险金。此后，宋某某连续向人寿保险湖北分公司缴纳了两期保险费。

2014年初，人寿保险公司两次致电宋某某，询问宋某某保险合同有关签名是否由其及王某签署，宋某某谎称均已签署，实际全部由其代签。

此后，宋某某以人寿保险公司为被告向人民法院起诉，请求认定其与被告签订的上述保险合同无效，并由被告返还其已缴纳的保险费用。

法院认定，保险法第34条第1款规定：“以死亡为给付保险金条件的合同，未经被保险人同意并认可保险金额的，合同无效。”该条款是法律的强制性规定，违反该规定即导致合同无效。而本案中，双方均没有证据证明被保险人王某就该保险合同同意并认可保险金额，因此，应当认定该保险合同无效，被告返还原告已支付的保险费用。

案例4　陈某甲等与刘某乙等继承纠纷上诉案

陈某甲与刘某甲于2015年5月18日登记结婚，陈某乙系刘某甲之女。刘某乙、王某甲系刘某甲之父母。刘某丙、刘某丁系刘某甲与前妻王某乙所生育子女。刘某甲于2015年12月26日病故。刘某甲于2015年3月10

日向平安养老陕西分公司投保团体人身保险，身故保额为人民币3万元，未指定受益人。2015年9月25日，刘某甲向平安人寿渭南公司投保平安福人身保险，保额为人民币20万元，身故保险金受益人为“法定”。

就刘某甲病故后依照团体人身保险、平安福人身保险分别获得的人民币3万元、20万元款项，哪部分属于遗产应按照继承法的规定给付，哪部分又属于明定了受益人的保险金而由保险公司直接支付给保险合同受益人，刘某甲的父母、妻子、子女产生了争议，遂诉至法院。

本案经法院审理认定，刘某甲投保的平安福人身保险合同中，身故受益人一栏填写“法定”，因此被保险人刘某甲的父母、妻子及儿女即以法定继承人的身份取得本保险合同项下的受益人身份，该20万元不属于遗产，无须先用来偿还刘某甲的生前债务。而对于刘某甲投保的团体人身保险，因其未约定受益人，故依照保险法第42条的规定，判定由此产生的3万元保险金属刘某甲的遗产，按照继承法规则处置。

【法条指引】

中华人民共和国保险法（节录）

第十条 保险合同是投保人与保险人约定保险权利义务关系的协议。

投保人是指与保险人订立保险合同，并按照合同约定负有支付保险费义务的人。

保险人是指与投保人订立保险合同，并按照合同约定承担赔偿或者给付保险金责任的保险公司。

第十二条第五款 被保险人是指其财产或者人身受保险合同保障，享有保险金请求权的人。投保人可以为被保险人。

第十五条 除本法另有规定或者保险合同另有约定外，保险合同成立后，投保人可以解除合同，保险人不得解除合同。

第十六条 订立保险合同，保险人就保险标的或者被保险人的有关情况提出询问的，投保人应当如实告知。

投保人故意或者因重大过失未履行前款规定的如实告知义务，足以影响保险人决定是否同意承保或者提高保险费率的，保险人有权解除合同。

前款规定的合同解除权，自保险人知道有解除事由之日起，超过三十日不行使而消灭。自合同成立之日起超过二年的，保险人不得解除合同；发生保险事故的，保险人应当承担赔偿或者给付保险金的责任。

投保人故意不履行如实告知义务的，保险人对于合同解除前发生的保险事故，不承担赔偿或者给付保险金的责任，并不退还保险费。

投保人因重大过失未履行如实告知义务，对保险事故的发生有严重影响的，保险人对于合同解除前发生的保险事故，不承担赔偿或者给付保险金的责任，但应当退还保险费。

保险人在合同订立时已经知道投保人未如实告知的情况的，保险人不得解除合同；发生保险事故的，保险人应当承担赔偿或者给付保险金的责任。

保险事故是指保险合同约定的保险责任范围内的事故。

第十七条 订立保险合同，采用保险人提供的格式条款的，保险人向投保人提供的投保单应当附格式条款，保险人应当向投保人说明合同的内容。

对保险合同中免除保险人责任的条款，保险人在订立合同时应当在投保单、保险单或者其他保险凭证上作出足以引起投保人注意的提示，并对该条款的内容以书面或者口头形式向投保人作出明确说明；未作提示或者明确说明的，该条款不产生效力。

第十八条第三款 受益人是指人身保险合同中由被保险人或者投保人指定的享有保险金请求权的人。投保人、被保险人可以为受益人。

第三十九条 人身保险的受益人由被保险人或者投保人指定。

投保人指定受益人时须经被保险人同意。投保人为与其有劳动关系的劳动者投保人身保险，不得指定被保险人及其近亲属以外的人为受益人。

被保险人为无民事行为能力人或者限制民事行为能力人的，可以由其监护人指定受益人。

第一百一十七条第一款 保险代理人是根据保险人的委托，向保险人收取佣金，并在保险人授权的范围内代为办理保险业务的机构或者个人。

最高人民法院关于适用《中华人民共和国保险法》若干问题的解释（三）（节录）

第三条 人民法院审理人身保险合同纠纷案件时，应主动审查投保人订立保险合同时是否具有保险利益，以及以死亡为给付保险金条件的合同是否经过被保险人同意并认可保险金额。

第九条第一款 投保人指定受益人未经被保险人同意的，人民法院应认定指定行为无效。

保险经纪人监管规定（节录）

第二条第一款 本规定所称保险经纪人是指基于投保人的利益，为投保人与保险公司订立保险合同提供中介服务，并依法收取佣金的机构，包括保险经纪公司及其分支机构。

保险公估人监管规定（节录）

第二条 本规定所称保险公估，是指评估机构及其评估专业人员接受委托，对保险标的或者保险事故进行评估、勘验、鉴定、估损理算以及相关的风险评估。

保险公估人是专门从事上述业务的评估机构，包括保险公估机构及其分支机构。

保险公估机构包括保险公估公司和保险公估合伙企业。

第三节 保险合同的订立

【规则要点】

保险合同经过投保人发出要约、保险人作出承诺后即告成立。在该订立过程中，常发生保险合同代签字、代为填写单据或保险事故提前发生等情况，对此，当事人应依照保险法及有关司法解释规定处理。一般而言，保险合同成立即告生效，但当事人可以对此另行约定。保险合同的生效不仅仅需要符合民法总则针对民事法律行为规定的有效要件，且不能具有民法总则、合同法和保险法等规定的无效要件。

【理解与适用】

一、保险合同订立的程序

在保险合同订立过程中，可将投保人与保险人的活动分为投保与承保两部分。

（一）投保与承保

1. 投保

投保，也称要保，是指投保人为订立保险合同而向保险人发出的订立合同的请求。投保是订立保险合同过程中的要约，是保险合同得以成立的前提条件。

在保险实务中，保险人往往通过向投保人发放宣传单、保险资料等文件材料，积极主动地开展保险业务，但一般认为，上述活动只能视为保险人向投保人发出的要约邀请，不具有一经承诺即使保险人受其约束的效力。而在投保人填好保险单并将其交给被保险人或者其代理人时，才构成投保。

2. 承保

承保，是指保险人接受要约的内容并同意与投保人订立保险合同的意思表示。承保是订立保险合同过程中的承诺，承诺生效时，保险合同成立。

保险人承保的形式可以是口头形式、书面形式或者其他可认定为承诺的形式。保险人予以承保的，应当及时向投保人签发保险单或者其他保险凭证。采用书面形式订立保险合同的，在双方当事人签字或盖章前，一方当事人履行保险合同约定的主要义务，对方接受的，保险合同成立。

当事人订立保险合同的，应当协商一致，遵循公平原则确定各方的权利和义务，不得不合理地对当事人的权利义务作出约定。此外，当事人原则上应当自愿订立保险合同，但法律、行政法规规定必须保险的除外。依照法律、行政法规规定所必须订立的保险为强制保险，强制保险的规定主要是出于对社会利益的考虑，有助于分担社会风险。

（二）保险合同订立过程中的常见问题

1. 代签字

在保险合同订立过程中，可能会出现保险人或其代理人代投保人签字盖章的情形。对于此情形，依照《保险法解释（二）》的规定，投保人或者投保人的代理人订立保险合同时没有亲自签字或者盖章，而由保险人或者保险人的代理人代为签字或者盖章的，对投保人不生效。但投保人已经交纳保险费的，则视为其对代签字或者盖章行为的追认。

2. 代为填写保险单据

在保险合同订立过程中，可能会出现由保险人及其代理人代为填写保险单据，投保人及其代理人对其签字盖章确认的情形。依照《保险法解释（二）》的规定，保险人或者保险人的代理人代为填写保险单证后经投保人签字或者盖章确认的，代为填写的内容视为投保人的真实意思表示，具有相应的法律效力。但有证据证明保险人或者保险人的代理人存在保险法规定的保险公司及其从业人员或保险代理人、保险经纪人及其从业人员在办理保险业务活动中的禁止行为的除外。

3. 保险事故的提前发生

在保险合同订立过程中，可能会出现保险人已经接受了投保人提交的保险单并收取了保险费，但在保险人尚未决定是否承保前出现保险事故的情形。对于此情形，《保险法解释（二）》规定，保险人接受了投保人提交的投保单并收取了保险费，尚未作出是否承保的意思表示，发生了保险事故，被保险人或者受益人请求保险人按照保险合同承担赔偿或者给付保险金责任，符合承保条件的，保险人应当给付保险金；不符合承保条件的，保险人不承担保险责任，但应当退还已经收取的保险费。保险人主张不符合承保条件的，应承担举证责任。

二、保险合同的成立

保险合同的成立，是指保险合同当事人就保险合同的主要内容达成一致，就订立保险合同达成合意的情形。保险合同成立后、生效前，保险合同尚不发生相应效力，但保险合同当事人已不得随意撤回自己的意思表示。

依照保险法的有关规定，投保人提出保险要求进行投保，经保险人同意承保，保险合同即告成立。保险人应当及时向投保人签发保险单或者其他保险凭证。

三、保险合同的生效

（一）保险合同生效的概念

保险合同的生效，是指保险合同发生当事人所期待的法律上的约束力。

保险合同的生效不仅仅需要符合民法总则针对民事法律行为规定的有效要件，且不能具有民法总则、合同法和保险法等规定的无效要件。

（二）民法总则、合同法的有效要件

保险合同作为一种民事法律行为，应当符合民法总则针对民事法律行为规定的有效要件。合同法对相关内容的规定与民法总则一致。

依据民法总则第143条规定，具备下列条件的民事法律行为有效：

一是行为人具有相应的民事行为能力；

二是意思表示真实；

三是不违反法律、行政法规的强制性规定，不违背公序良俗。

（三）民法总则、合同法规定的无效要件

依据民法总则、合同法的有关规定，具有下列情形的，合同无效：

其一，内容违反法律、行政法规强制性规定的。这里要求违反的是效力性强制性规定，方得使民事法律行为无效。

其二，内容违反公序良俗。公序良俗可以理解为公共秩序与善良风俗，在法院审理时比较依靠法官的判断。

其三，一方以欺诈、胁迫的手段订立的损害国家利益的。

其四，行为人与相对人恶意串通，损害国家、集体或者第三人利益的。

其五，行为人与相对人以虚假的意思表示实施的民事法律行为无效。

（四）保险法规定的无效要件

根据保险法的规定，下列情形属于无效：

1. 超额保险

超额保险，是指保险金额高于保险价值的保险合同。依照保险法的规定，保险金额不得超过保险价值。超过保险价值的，超过部分无效，保险

人应当退还相应的保险费。

2. 无保险利益

此处的无保险利益，特指人身保险中投保人在订立保险时对被保险人不具有保险利益。依照保险法的规定，在订立人身保险合同时，投保人对被保险人不具有保险利益的，保险合同无效。但在合同订立后，投保人丧失对被保险人的保险利益的，不影响合同的效力。

3. 以死亡为保险事故的合同，未经被保险人同意并认可保险金额

依照保险法的有关规定，以死亡为给付保险金条件的合同，未经被保险人同意并认可保险金额的，合同无效。此是出于防范道德风险考虑，要求在以死亡为保险事故的合同中，被保险人应当同意并认可该保险合同的订立及保险金额。但对于父母为其未成年子女投保的人身保险，不受上述规定限制。

4. 法律规定的无效格式条款

为了避免格式条款的提供者凭借自己的优势地位通过格式条款损害合同相对方的利益，我国保险法对格式条款的提供者增加了提示说明义务并对格式条款的效力作出了一系列的限制，包括不生效以及无效的格式条款。

依照保险法的有关规定，采用保险人提供的格式条款订立的保险合同中的下列条款无效：

（1）免除保险人依法应承担的义务或者加重投保人、被保险人责任的；

（2）排除投保人、被保险人或者受益人依法享有的权利的。

应当注意的是，这些格式条款之所以无效，主要是因为它们违反了法律的强制性规定，免除保险人的法定义务，排除投保人、被保险人或者受益人的法定权利。

（五）保险合同的生效时间

保险合同的生效时间，是指保险合同效力产生的时间。依照保险法的有关规定，通常情况下保险合同自成立时生效，但当事人可以对合同的效力约定附条件或者附期限。当事人约定附条件或附期限生效的，保险合同自当事人约定的条件达成或者约定的期限达到时，发生效力。

应当注意的是，保险合同的生效并不意味着保险人保险责任的开始。一般情况下，保险合同生效时，保险责任开始，但当事人可另行约定保险期间与保险责任的开始时间。当事人对保险期间与保险责任的开始时间另行约定的，保险责任自约定的保险责任的开始时间开始。

【风险提示】

在合同订立过程中，投保人应当在对合同条款和保险人及其代理人代为填写的内容进行查阅后再签名，否则将导致合同成立并受到非本意的约束。

【相关案例】

柴某与中国平安人寿保险股份有限公司辽宁分公司保险合同纠纷上诉案

2016年1月13日，柴某在中国平安人寿保险股份有限公司辽宁分公司（以下简称“平安保险”）处购买寿险一份，年缴共30年。一段时间后，柴某通过电话变更缴费频次，改为月缴费，并进行了缴费。另查，保险合同中投保人签名及需要本人签名的声明条款，均由代理人姚某某书写。

此后，柴某以保险合同签字由姚某某伪造，且平安保险隐瞒与保险合同有关的重要情况、欺骗投保人为由，以平安保险为被告向人民法院起诉，请求认定保险合同无效，并由被告返还所交保险费用、承担诉讼费用。

法院认为，依据法律规定，保险人或保险代理人代为填写保单后，由投保人签字的视为投保人的意思表示，投保人或投保人代理人订立保险合同时没有亲自签字或盖章，由保险人或保险人代理人代为签字盖章的对投保人不生效，但投保人已经缴纳保险费的，视为对其代签字的追认。结合本案，原告在保险合同中投保人及投保声明均非本人签字，但原告不仅缴纳第一年保险费用，第二年通过电话更改缴纳保险费的方式，并连续缴纳4个月，依据法律规定，视为原告对代理人签字的认可，该份保险合同合法有效，故对原告提出要求确认合同无效，返还保费的诉讼请求不予支持。

【法条指引】

中华人民共和国保险法（节录）

第十三条 投保人提出保险要求，经保险人同意承保，保险合同成立。保险人应当及时向投保人签发保险单或者其他保险凭证。

保险单或者其他保险凭证应当载明当事人双方约定的合同内容。当事人也可以约定采用其他书面形式载明合同内容。

依法成立的保险合同，自成立时生效。投保人和保险人可以对合同的效力约定附条件或者附期限。

第十九条 采用保险人提供的格式条款订立的保险合同中的下列条款无效：

（一）免除保险人依法应承担的义务或者加重投保人、被保险人责任的；

（二）排除投保人、被保险人或者受益人依法享有的权利的。

第四节 保险合同的条款和形式

【规则要点】

保险合同中应当具备保险法规定的内容，当事人也可以根据需要另行约定。合同法及保险法的有关规定确立了保险合同中语意不明条款的解释规则，其中，对于保险人提供的格式条款，在通常理解尚有两种含义的情况下，应当按照有利于被保险人、受益人的理解进行解释。

【理解与适用】

一、保险合同的条款

保险合同的条款，又称保险合同的内容，是保险合同双方当事人在保险合同中约定的构成双方权利义务的内容。依照条款产生方式不同，可以将保险合同的条款分为保险合同的法定条款与保险合同的约定条款。依据保险法的规定，保险公司应当按照国务院保险监督管理机构的规定，公平、合理拟订保险条款和保险费率，不得损害投保人、被保险人和受益人的合法权益。

（一）保险合同的法定条款

依照保险法的相关规定，保险合同应当包括以下内容。

1. 保险人的名称和住所

在保险合同中，保险人的名称和住所应当明确、规范、完整。

2. 投保人、被保险人的姓名或者名称、住所，以及人身保险的受益人的姓名或者名称、住所

投保人、被保险人以及受益人是保险合同中各种权利义务的享有者与承担者。为此，投保人、被保险人以及受益人的姓名和名称、住所应当明确、规范、完整，以便合同权利义务的履行。

3. 保险标的

保险标的，是指作为保险对象的财产及其有关利益或者人的寿命和身体。保险标的是确定危险程度和保险利益的重要依据，也是决定保险种类、确定保险金额和选定保险费率的依据。在订立保险合同时，双方当事人应当对保险标的作出明确、清晰的约定，同时对保险标的的有关事项进行如实陈述。

4. 保险责任和责任免除

保险责任，是指保险合同约定的保险事故发生，造成保险标的毁损时，保险人依照保险合同的约定在保险金额范围内给付保险金的责任，或者当被保险人死亡、伤残、疾病或者达到合同约定的年龄、期限时承担的给付保险金的责任。保险责任是保险合同的重要内容，它是保险人依据保险合同所承担的最基本、最主要的义务，也是保险合同职能的直接体现。保险实务中，当事人对不同险种的选择将决定保险人承担何种保险责任，并决定着投保人所需要交纳的保险费用。

责任免除，是指合同当事人在保险合同中约定的免除责任的条款。在保险合同中，该类条款主要表现为免除保险人责任的条款。在保险人提供的格式合同中，对于免除保险人责任的条款，保险人在订立合同时应当在投保单、保险单或者其他保险凭证上作出足以引起投保人注意的提示，

并对该条款的内容以书面或者口头形式向投保人作出明确说明；未作提示或者明确说明的，该条款不产生效力。《保险法解释（二）》对上述“免除保险人责任的条款”的范围作了进一步规定。保险人提供的格式合同文本中的责任免除条款、免赔额、免赔率、比例赔付或者免除及减轻保险人责任的条款，可以认定为上述规则中规定的“免除保险人责任的条款”。保险人因投保人、被保险人违反法定或者约定义务，享有解除合同权利的条款，不属于上述规则中规定的“免除保险人责任的条款”。

此外，保险人提供的格式条款中免除其依法应当承担责任的条款无效。

5. 保险期间和保险责任开始时间

保险期间是当事人在保险合同中约定的承保期间，保险人仅对保险标的在该期间内因保险事故所遭受的损失承担保险责任。在该期间外，即使保险标的因保险事故的发生遭受损失，保险人亦不对此承担责任。

保险责任的开始时间，即保险期间开始的时刻，从该时刻开始，保险人开始依据保险合同承担保险责任。通常情况下，保险合同成立后即发生效力，此时保险合同成立并生效的时间为保险责任的开始时间。但当事人可以另行约定保险责任的开始时间，当事人另行约定的，保险人自约定的时间开始承担保险责任。

6. 保险金额

保险金额是保险人依据保险合同对保险标的承担保险责任的最大限额。保险金额表现为一种货币数额，保险人支付的保险金不超过该数额。但在实践中，亦有保险合同将保险金额约定成一种赔付的标准金额，在保险事故发生后，根据该标准金额按照一定计算方式确定实际给付的保险金数额。

保险金额在财产保险与人身保险中的确定方式不同。在财产保险中，保险金额应当与保险价值紧密联系，依照保险法的规定，保险金额可以小于或者等于保险价值，但是不得超过保险价值。保险金额超过保险价值的，构成超额保险，超过的部分无效。在人身保险中，尤其是人寿保险中，由于作为保险标的的人的身体及寿命等无法确定保险价值，故不严格要求保险金额与保险价值的关系，双方当事人可以依据被保险人的实际需要和其支付保险费用的能力等情况确定保险金额。

7. 保险费及其支付方法

保险费，是指投保人为了获得保险保障而依据保险合同向保险人支付的费用。保险费应当根据保险合同的保险金额、保险费率以及保险期限等因素确定。保险费的数额应当合理，不得违反有关法律和保险监管机构的强制性规定。

保险费的支付方法，由当事人在保险合同中约定。从方式来看，可选择现金支付或者网络支付等方式；从币种来看，可选择人民币或者外币；从时间来看，可选择一次性结清或者分期付款等。投保人应当按照保险合同约定的保险费用的支付方法支付保险费。

8. 保险金额赔偿或者给付方法

保险金额赔偿或者给付方法，是指当事人在合同中约定的，保险人承担保险责任的方法与标准。这其中包括对赔偿数额、时间、方式等内容的约定，保险人需要依据该约定向被保险人或者受益人支付保险金。

对保险金赔偿或者给付方法，由双方当事人在合同中自行约定，但不能违反法律、行政法规以及国务院保险监督管理机构的相关规定。除此之外，财产保险以及人身保险中涉及损失补偿的保险应当依据损失补偿的原则确定保险金赔偿或者给付方式；而人身保险应当主要依据定额给付原则进行保险金的给付。

9. 订立合同的年、月、日

当事人应当在合同中明确订立合同的时间，这有助于确定双方当事人的权利义务关系，在通常情况下也可以依此确定保险合同生效的时间。

（二）保险合同的约定条款

除上述法定条款外，当事人还可以依据现实需要以及客观情况，自行约定保险合同的其他条款，诸如保证条款、免赔额条款、退保条款等。但当事人约定的保险合同条款不得违反法律、行政法规以及国务院保险监督管理机构的相关规定。

二、保险合同的形式

保险合同的形式，是保险合同双方当事人合意的外在体现，也是保险合同约定的全部权利义务的客观物质载体。

保险法并未将保险合同规定为要式合同，只要当事人就合同主要事项达成合意，合同即告成立，包括口头形式、书面形式或是其他形式。但由于保险合同的专业性强、技术性高，所使用的语言晦涩难懂，加之保险合同使用上的重复性高，实务中保险人一般都会选择采用书面形式订立保险合同。

关于保险合同的书面形式，保险人应当及时向投保人签发保险单或者其他保险凭证。保险单或者其他保险凭证应当载明当事人双方约定的合同内容。当事人也可以约定采用其他书面形式载明合同内容。中国保险合同的书面形式主要包括投保单、保险单、暂保单等。

（一）投保单

投保单，是投保人向保险人申请订立保险合同的书面要约。在保险实务中，往往由保险人向投保人提供空白的投保单，投保人如实填写并签字盖章后交与保险人，由保险人决定是否承保。其中，保险人向投保人提供空白投保单的行为为要约邀请，其旨在诱使投保人向自己发出订立保险合同的要约。

投保单的内容一般包括有关投保人、保险人、被保险人，受益人、保险标的、保险金额、费率、保险期间等内容，投保单须具有所欲订立的保险合同的主要内容。

（二）保险单

保险单，是投保人与保险人订立的载明合同全部权利义务的书面凭证。保险单由保险人制作，签字盖章后交与投保人。

保险单应当包括所订立的保险合同的全部内容。保险单是保险事故发生后或者约定的条件实现时被保险人或者受益人向保险人要求支付保险金的主要凭证，也是保险人向投保人收取保险费用的依据。

（三）暂保单

暂保单，是保险人在向投保人签订正式的保险单之前，向其签发的临时保险凭证。

相较于保险单，暂保单中包括的内容较少，一般只包括保险合同双方当事人的信息、保险标的、保险金额以及保险期限等关键内容。但是，暂保单与保险单具有相同的法律效力，在签发暂保单之后、正式签发保险单前，保险人对于保险标的出现的保险责任范围内的损失，应当承担保险责任。不过，暂保单的效力期限较短，一般只有 15 至 30 天的效力。一旦保险人签发了正式的保险单，或者暂保单的有效期届满，其法律效力自动终止。此外，保险人也可以提前终止暂保单的效力，但应当提前通知投保人。

（四）保险凭证

保险凭证，又称“小保单”，是一种简化版的保险单，与保险单具有相同的法律效力，但在保险凭证中没有保险条款，只是体现了某具体项目。

（五）批单

批单，是指在投保人与保险人就保险合同中的有关内容达成一致、确认变更时，而由保险人出具并粘贴在原保险合同上的书面凭证。一般来说，在投保人与保险人就保险合同的有关事项进行协商、确认变更后，可以在原保险合同上进行批注；不方便、不适合进行批注的，亦可以由保险人另行签发一张格式性单据，粘贴在原保险合同上，以达到变更保险合同的目的。

由于签发批单的目的是变更保险合同，批单成为保险合同变更的一种形式，涉及双方当事人的权益，故一般法律会进行相关规定。保险法第 20 条规定：“投保人和保险人可以协商变更合同内容。变更保险合同的，应当由保险人在保险单或者其他保险凭证上批注或者附贴批单，或者由投保人和保险人订立变更的书面协议。”

如上所述，保险合同可能有多种形式，这也就使得可能存在多种形式的保险合同中记载的内容不一致的情形，对此，《保险法解释（二）》确定了有关认定规则：

1. 投保单与保险单或者其他保险凭证不一致的，以投保单为准。但不一致的情形系经保险人说明并经投保人同意的，以投保人签收的保险单或者其他保险凭证载明的内容为准；

2. 非格式条款与格式条款不一致的，以非格式条款为准；

3. 保险凭证记载的时间不同的，以形成时间在后的为准；

4. 保险凭证存在手写和打印两种方式的，以双方签字、盖章的手写部分的内容为准。

三、保险合同条款的解释

保险合同的条款是通过语言和文字等形式表现的，为此难免会出现歧义。在合同当事人对于合同条款所表达的意义存在争议时，即需要一定的解释规则对争议的条款进行解释。合同条款的解释应当依据条款的文义、探寻当事人的本意，并合理地确定双方当事人的权利义务。

对于合同条款的解释，合同法、保险法均确立了相应的解释规则。

（一）合同法确立的解释规则

依照合同法的规定，当事人对合同条款的理解有争议的，应当按照合同所使用的语句、合同的有关条款、合同的目的、交易习惯以及诚实信用原则，确定该条款的真实意思。合同文本采用两种以上文字订立并约定具有同等效力的，对各文本使用的语句推定具有相同含义。各文本使用的语句不一致，应当根据当事人订立合同的目的予以解释。此为合同解释的一般规则。保险法对由保险人提供的格式合同确立了特殊的解释规则，一般认为合同法确立的一般解释规则主要适用于上述格式合同之外的保险合同解释，以及作为保险合同中特殊解释规则中“通常理解”的解释方法。

另据合同法关于格式条款的有关规定，当事人对格式条款的理解发生争议的，应当按照通常理解予以解释。对格式条款有两种以上解释的，应当作出不利于格式条款提供者的解释。格式条款和非格式条款不一致的，应当采用非格式条款。此为对于非由保险人提供的格式合同之外的其他保险合同中格式条款的解释规则。

由于在保险实务中，当事人订立的书面保险合同大多为保险人提供的格式合同，所以上述解释规则在保险合同的解释上适用较少，一般是依据保险法的规定进行合同解释。但上述解释规则的精神却对法官审理案件、解释条款具有重要影响。

（二）保险法确立的解释规则

依照保险法所确立的对保险人提供的格式合同特殊的解释规则，当事人首先应当按照合同条款的通常理解予以解释，包括对条款文义的解释、整个保险合同的体系解释、合同的目的解释等；在通常理解有两种以上合理解释的，为保护非格式条款提供者的利益，应当依据有利于被保险人和受益人的原则进行解释，即有利于格式合同提供者相对人的原则进行解释。应当注意的是，该特殊解释规则仅适用于保险人提供的格式合同，对于非格式合同，则需要依据合同法规定的条款一般解释规则进行解释。

【风险提示】

1. 投保人在订立保险合同时应注意审查合同条款，就不认同的部分积极与保险人协商，以免在合同履行过程中产生不必要的麻烦。

2. 投保人应当妥善保管保险合同，以免在要求保险人按约定承担保险责任时举证不能。

3. 投保人与保险人应当事先在保险合同中就可能存在不同理解的语句加以提出与说明，达成一致，并记录于保险合同中，以免事后解释的争议。

【相关案例】

中国人民财产保险股份有限公司松原市宁江支公司、中国人民财产保险股份有限公司长春市分公司与马某某、前郭县天舒物流有限公司财产保险合同纠纷案

前郭县天舒物流有限公司（以下简称“物流公司”）将甲车向中国人民财产保险股份有限公司长春市分公司（以下简称“人财长春”）投保了商业第三者责任险。该商业第三者责任险保险合同规定：“保险期间内，被保险人或其允许的合法驾驶人在使用被保险机动车过程中发生意外事故，致使第三者遭受人身伤亡或财产直接损毁，依法应当由被保险人承担损害赔偿责任……”保险期间内，驾驶员驾驶该车运货，驾驶员到达目的地、下车准备卸车时，车辆货物突然滚落将驾驶员砸伤。

物流公司认为该意外事故属于其与人财长春签订的商业第三者责任险保险责任范围内，遂起诉至人民法院，请求人财长春就该意外事故承担保险责任。

就该意外事故是否发生在机动车使用过程中的问题，争议较大。保险公司认为，本案事故并非在使用被保险机动车过程中发生的，因为在本案事故发生时，被保险机动车没有运行，处于停止状态，不存在使用现象。被保险人认为，本案事故是在使用被保险机动车过程中发生的，因为机动

车处于停止状态下的使用，如装卸货物等也是使用。法院认为，因原被告对该条款存在两种不同解释，根据保险法第30条规定，人民法院应当作出有利于保险人和受益人的解释，故应认定本案的事故是在使用被保险机动车过程中发生的。

【法条指引】

中华人民共和国保险法（节录）

第十八条　保险合同应当包括下列事项：

（一）保险人的名称和住所；

（二）投保人、被保险人的姓名或者名称、住所，以及人身保险的受益人的姓名或者名称、住所；

（三）保险标的；

（四）保险责任和责任免除；

（五）保险期间和保险责任开始时间；

（六）保险金额；

（七）保险费以及支付办法；

（八）保险金赔偿或者给付办法；

（九）违约责任和争议处理；

（十）订立合同的年、月、日。

投保人和保险人可以约定与保险有关的其他事项。

受益人是指人身保险合同中由被保险人或者投保人指定的享有保险金请求权的人。投保人、被保险人可以为受益人。

保险金额是指保险人承担赔偿或者给付保险金责任的最高限额。

第三十条　采用保险人提供的格式条款订立的保险合同，保险人与投保人、被保险人或者受益人对合同条款有争议的，应当按照通常理解予以解释。对合同条款有两种以上解释的，人民法院或者仲裁机构应当作出有利于被保险人和受益人的解释。

最高人民法院关于适用《中华人民共和国保险法》若干问题的解释（二）（节录）

第十七条　保险人在其提供的保险合同格式条款中对非保险术语所作

的解释符合专业意义，或者虽不符合专业意义，但有利于投保人、被保险人或者受益人的，人民法院应予认可。

第五节　保险合同的履行

【规则要点】

保险合同的履行，是双方当事人依照保险合同的约定行使权利、履行义务的过程，是当事人订立合同的目的。在保险合同中，合同的履行主要表现为在保险标的发生保险责任范围内的损失或者合同约定的期限届满时等，保险人根据被保险人、受益人的请求，按照合同的约定支付保险金。对于这一过程，可以将其分为索赔和理赔两个过程。

【理解与适用】

一、索赔

（一）索赔的概念

索赔，是指在保险事故发生造成保险标的损失或者保险合同约定的期限届满时，被保险人或者受益人依照保险合同的约定，请求保险人支付保险金的过程。索赔是保险合同主要权利义务履行的开始，是保险人进行理赔的先决条件，只有在被保险人或者受益人的理赔符合一定的条件并遵循相关程序后，保险人才开始理赔。

（二）索赔的条件

1. 存在合法有效的保险合同

被保险人或者受益人进行保险索赔是依据已经订立的保险合同，该保险合同必须客观存在并且合法有效。

2. 保险标的因保险事故的发生遭受损失或者保险合同约定的期限届满

保险合同是一种射幸合同，保险人支付保险金以保险合同约定的条件发生为前提。该约定的条件在财产保险以及健康保险、意外伤害险中主要表现为保险标的因保险事故的发生遭受损失，在人寿保险中主要表现为保险合同约定的期限届满。因此，只有在保险期限内保险标的因保险事故的发生遭受损失或者保险合同约定的期限届满后，被保险人或者受益人方得进行索赔。

3. 投保人、被保险人以及受益人应当履行相应的义务

保险合同的投保人、被保险人、受益人以及保险人依照保险合同的约定互负义务，在被保险人以及受益人请求保险人支付保险金前后，其应当按照法律的规定、合同的约定以及义务的性质履行相应的义务，如保险事故发生时的通知义务、保险事故发生后提供相关材料的协助义务等。

4. 被保险人或者受益人应当在法定的索赔时效内提出索赔请求

在保险事故发生后或者保险合同约定的期限届满时，被保险人或者受益人依照保险合同获得保险金请求权。被保险人或者受益人应当在法律规定的索赔时效内向保险人提出支付保险金的请求，保险人应当根据该请求依照保险合同的约定支付保险金。被保险人或者受益人超过该期限行使请求权的，该请求权将失去法律规定的强制性效力，保险人获得拒绝履行支付保险金义务的权利。

对此，我国保险法规定，人寿保险以外的其他保险的被保险人或者受益人，向保险人请求赔偿或者给付保险金的诉讼时效期间为 2 年，自其知道或者应当知道保险事故发生之日起计算。人寿保险的被保险人或者受益人向保险人请求给付保险金的诉讼时效期间为 5 年，自其知道或者应当知道保险事故发生之日起计算。

二、理赔

（一）理赔的概念

理赔，是指在收到被保险人或者受益人给付保险金的请求时，保险人根据被保险人或者受益人的请求、保险标的的损毁状况以及索赔时效等情况，依照保险合同的约定，判断该情况是否属于保险合同中约定的应当支付保险金情形并支付保险金的过程。对于具体情况符合保险合同约定的支付保险金情况的，保险人应当按照保险合同的约定向被保险人或者受益人支付保险金；对于不符合的，保险人应当作出拒绝给付保险金的通知并于一定期间内予以通知。

（二）理赔过程及结果

依据保险法及《保险法解释（二）》的有关规定，保险人在收到被保险人或者受益人的赔偿或者给付保险金的请求后，应当及时作出核定；情形复杂的，应当在30日内作出核定，但合同另有约定的除外。该30日核定期间，应当自保险人初次收到索赔请求及投保人、被保险人或者受益人提供的有关证明和资料之日起计算。保险人有权扣除投保人、被保险人或者受益人补充提供有关证明和资料的期间，扣除期间自保险人通知补充有关证明和材料的要求到达投保人、被保险人或者受益人之日起，至投保人、被保险人或者受益人按照通知要求补充提供的有关证明和材料到达保险人之日止。

保险人应当将核定结果通知被保险人或者受益人。

对于经核定后属于保险责任的，保险人应当在与被保险人或者受益人达成赔偿或者给付保险金的协议后10日内，履行赔偿或者给付保险金的义务。保险合同对赔偿或者给付保险金的期限有约定的，保险人应当按照约定履行赔偿或者给付保险金的义务。

对于经核定后不属于保险责任的，保险人应当自作出核定之日起3日内向被保险人或者受益人发出拒绝赔偿或者拒绝给付保险金通知书，并说明理由。保险人未及时履行上述义务的，除核定属于保险责任的支付保险金外，还应当赔偿被保险人或者受益人因此受到的损失。

保险人自收到赔偿或者给付保险金的请求和有关证明、资料之日起60日内，对其赔偿或者给付保险金的数额不能确定的，应当根据已有证明和资料可以确定的数额先予支付；保险人最终确定赔偿或者给付保险金的数额后，应当支付相应的差额。

为保证保险金的正常给付，任何单位和个人不得非法干预保险人履行赔偿或者给付保险金的义务，也不得限制被保险人或者受益人取得保险金的权利。

【风险提示】

保险事故发生后，被保险人或者受益人应当在知道或者应当知道保险事故发生后及时请求保险人承担保险责任，以免索赔时效届满后其保险金请求权失去法律的强制力保护。

【相关案例】

衢州市速通物流有限公司与中华联合财产保险股份有限公司衢州中心支公司责任保险合同纠纷上诉案

2013年1月14日，速通物流公司在中华联合财产保险股份有限公司衢州中心支公司（以下简称“中华财保公司”）为其所有的甲车投保道路危险货物承运人责任保险一份。保险期间自2013年1月15日零时起至2014年1月14日24时止。

2013年11月29日，速通物流公司驾驶员杨某代表速通物流公司与太和县中原汽车运输有限公司（以下简称“中原运输公司”）签订了货物运输合同。合同签订后，杨某驾驶甲车装载合同指定的货物进行运输，并于当晚发生交通事故。中原运输公司遂于2015年11月19日向法院起诉速通物流公司赔偿损失，后者依生效判决履行了赔偿义务。此后，速通物流公司向人民法院提起诉讼，要求中华财保公司对其向中原运输公司承担的赔偿责任承担保险责任。

本案中，双方争议速通物流公司的诉讼请求是否已超过保险金请求权诉讼时效。法院认为，我国保险法第26条规定，人寿保险以外的其他保险的被保险人或者受益人，向保险人请求赔偿或者给付保险金的诉讼时效期间为2年，自其知道或者应当知道保险事故发生之日起计算。而责任保险是以被保险人对第三者依法应负的赔偿责任为保险标的的保险。因此，责任保险的索赔时效应从第三者请求被保险人承担法律责任之日起算，本案中速通物流公司起诉并未超过保险金请求权诉讼时效期间。

【法条指引】

中华人民共和国保险法（节录）

第二十六条 人寿保险以外的其他保险的被保险人或者受益人，向保险人请求赔偿或者给付保险金的诉讼时效期间为二年，自其知道或者应当知道保险事故发生之日起计算。

人寿保险的被保险人或者受益人向保险人请求给付保险金的诉讼时效

期间为五年，自其知道或者应当知道保险事故发生之日起计算。

第六节　保险合同的变更、中止、解除和终止

【规则要点】

依法成立的保险合同，可能会因有关事实的发生出现变更、中止、解除和终止这四种变化。其中，保险合同的中止是由于投保人拖欠须支付给保险人的保险费用，而由保险人行为所致；保险合同的终止主要是由于保险合同有效期间届满或约定的义务已经履行等合同履行完毕或无法履行的事由出现所致；而导致保险合同的变更和解除则较为广泛。

【理解与适用】

一、保险合同的变更

（一）保险合同变更的概念及条件

保险合同的变更，是指保险合同当事人依照法律的规定、保险合同的约定或者经协商一致对合同进行变更。

依照保险法的规定，投保人和保险人可以协商变更保险合同的内容。投保人和保险人变更保险合同的，应当由保险人在保险单或者其他保险凭证上批注或者附贴批单，或者由投保人和保险人订立变更的书面协议。此外，当出现法律规定的情形时，当事人亦可获得变更保险合同的权利。

依照变更的对象不同，可以将保险合同的变更分为对保险合同主体的变更以及对保险合同内容的变更。

（二）保险合同的主体变更

保险合同主体的变更包括被保险人的变更、投保人的变更、受益人的变更三大类。

1. 被保险人的变更

被保险人的变更，通常表现为保险合同的转让或者保险单的转让，只能

发生在财产保险合同中，多是由于被保险人将保险标的进行转让而使得保险合同一并转让，但也可能是因为被保险人死亡，使得继承该保险标的的继承人成为新的被保险人从而发生被保险人的变更。依照保险法及有关司法解释的规定，保险标的转让的，保险标的的受让人继承被保险人的权利和义务。被保险人死亡的，继承保险标的的当事人继承被保险人的权利和义务。

保险标的转让的，被保险人或者受让人应当及时通知保险人，但货物运输保险合同和另有约定的合同除外。被保险人、受让人依法及时向保险人发出保险标的转让通知后，保险人作出答复前发生保险事故的，被保险人或者受让人有权要求保险人按照保险合同约定承担赔偿保险金的责任。

在中国物权法律体系下，特殊动产（如汽车、船舶、飞机等）的转让须经变更登记方产生对抗第三人的公示效力，由此可能存在受让人已经依法取得特殊动产所有权，实际承担特殊动产毁损灭失带来的风险，但保险人仍根据公示情况以转让人为被保险人的情况，从而使权利与风险负担不符。为此，《最高人民法院关于适用〈中华人民共和国保险法〉若干问题的解释（四）》（以下简称《保险法解释（四）》）予以明确，在保险标的已交付受让人，但尚未依法办理所有权变更登记的情况下，承担保险标的毁损灭失风险的受让人，有权依法主张行使被保险人的权利。

由于被保险人对于保险标的所处的环境、危险程度等有较大影响，变更被保险人可能使得保险标的的危险程度发生变化。故因保险标的转让导致其危险程度显著增加的，保险人自收到通知之日起 30 日内，可以按照保险合同约定增加保险费或者解除合同。保险人解除合同的，应当将已收取的保险费，按照合同约定扣除自保险责任开始之日起至合同解除之日止应收的部分后，退还投保人。被保险人、受让人未履行上述转让保险标的时通知保险人的义务，因转让导致保险标的危险程度显著增加而发生保险事故的，保险人不承担赔偿保险金的责任。

2. 投保人的变更

投保人的变更，是指对于保险合同中负有缴纳保险费用义务的人的改变。由于投保人的变更将直接影响保险费用的缴纳，故对于变更投保人的，应当经保险人同意。

3. 受益人的变更

受益人的变更，是指在人身保险合同中，对于保险合同中约定的受益人进行的变更。

依照保险法、《保险法解释（三）》的有关规定，被保险人或者投保人可以变更受益人并书面通知保险人，变更行为自意思表示发出时生效。投保人或者被保险人变更受益人而未通知保险人的，变更行为不对保险人发生效力，保险人仍可以通过向原受益人支付保险金以履行保险义务。保险人收到变更受益人的书面通知后，应当在保险单或者其他保险凭证上批注或者附贴批单。此外，投保人变更受益人时须经被保险人同意，投保人未经被保险人同意变更受益人的，变更行为无效。

投保人或者被保险人在保险事故发生后变更受益人，变更后的受益人无权请求保险人按照保险合同的约定给付保险金。

（三）保险合同的内容变更

保险合同的内容变更主要包括根据法律规定进行的变更和依据当事人约定进行的变更。

1. 法定变更

法定变更，是指在法律规定的情形出现时，当事人应当按照法律的规定变更保险合同的内容。对此，保险法主要规定了保险合同中保险费用的变更。根据变更保险费用的原因不同可以将保险费用的法定变更分为以下三种：

（1）人身保险中申报的被保险人年龄不真实

在人身保险中，投保人应当如实告知被保险人的有关情况，否则应当承担法律规定的不利后果。依据保险法的相关规定，投保人申报的被保险人年龄不真实，致使投保人支付的保险费少于应付的保险费的，保险人有权更正并要求投保人补交保险费，或者在给付保险金时按照实付保险费与应付保险费的比例支付。投保人申报的被保险人年龄不真实，致使投保人支付的保险费多于应付保险费的，保险人应当将多收的保险费退还投保人。

（2）安全义务的不履行

投保人、被保险人应当遵守国家有关消防、安全、生产操作、劳动保护等方面的规定，依照保险合同的约定，维护保险标的的安全。投保人、被保险人未按照约定履行其对保险标的安全应尽责任的，保险人有权要求增加保险费或者解除合同。

（3）保险标的的危险程度或者保险价值明显减少

保险费用的确定以保险标的的危险程度以及保险价值为依据，在保险标的的危险程度或者保险价值发生明显变化时，保险费用亦应当作出相应调整。对此，有下列情形之一的，除合同另有约定外，保险人应当降低保险费，并按日计算退还相应的保险费：

① 据以确定保险费率的有关情况发生变化，保险标的的危险程度明显减少的；

② 保险标的的保险价值明显减少的。

2. 约定变更

约定变更，是指保险合同的当事人在保险合同成立后，基于双方的合意，通过协商或者依照保险合同的约定对保险合同的内容所作的变更。当事人通过约定变更保险合同的，应当遵循法律的规定，包括关于提出变更请求主体的规定、变更内容的规定等。

二、保险合同的中止

（一）保险合同中止的概念

保险合同的中止，是指在保险合同有效期限内，因某种事由的出现使得合同的效力暂时停止，待当事人完成相应的行为后，保险合同的效力方得恢复。

（二）保险合同中止的原因及宽限期

保险合同效力的中止一般是由于投保人拖欠保险费引起的。依照中国法律规定，保险合同中止只发生在人身保险合同中。依照我国保险法规定，在人身保险合同中，合同约定分期支付保险费，投保人支付首期保险费后，除合同另有约定外，投保人自保险人催告之日起超过30日未支付当期保险费，或者超过约定的期限60日未支付当期保险费的，合同效力中止，或者由保险人按照合同约定的条件减少保险金额。被保险人在上述规定期限内发生保险事故的，保险人应当按照合同约定给付保险金，但可以扣减欠交的保险费。据此，在保险合同效力中止前存在投保人交纳保险费用的宽限期，该宽限期可以由当事人在保险合同中根据具体情况另行约定；当事人未对宽限期另行约定的，适用法律规定的宽限期。在宽限期内发生保险事故的，保险人仍应当按照保险合同的约定支付保险金，但可以扣减欠交的保险费；在宽限期后，保险合同的效力暂时中止，保险人对于此时发生的保险事故不负有支付保险金的责任。

在保险合同中，投保人是保险合同的当事人，可以直接决定是否继续交纳保险费而维持保险合同的效力，但被保险人是保险合同保障的对象、受益人是依照保险合同在保险事故发生时享有保险金请求权的人，他们对保险合同均享有相应的利益。为此，在投保人拒绝交纳保险费用时，被保险人、受益人或者他人可以代为支付保险费以履行投保人对应的交费义务。

（三）保险合同中止的后果

保险合同中止后，保险合同的效力暂时停止，保险人对于此时发生的保险事故不承担支付保险金的责任。

保险合同效力依照保险法的规定中止后，经保险人与投保人协商并达成协议，在投保人补交保险费后，合同效力恢复。但是，自合同效力中止之日起满 2 年双方未达成协议的，保险人有权解除合同。保险人依照上述规定解除合同的，应当按照合同约定退还保险单的现金价值。

对于保险合同中止后效力的恢复，为了防止保险人不合理地拒绝恢复保险合同的效力，保护投保人、被保险人以及受益人的合法权益，《保险法解释（三）》规定，保险合同效力依照保险法的上述规定中止，投保人提出恢复效力申请并同意补交保险费的，除被保险人的危险程度在中止期间显著增加外，保险人应当同意恢复保险合同的效力；被保险人的危险程度在中止期间显著增加，保险人可以拒绝恢复保险合同的效力或者要求提高相应的保险费用。保险人在收到恢复效力申请后，30 日内未明确表示拒绝的，应认定为同意恢复效力。保险合同自投保人补交保险费之日恢复效力。此外，保险人有权要求投保人补交相应的利息。

三、保险合同的解除

（一）保险合同解除的概念

保险合同的解除，是指当事人基于法律的规定、合同的约定或者双方的协商，在保险合同生效后、有效期限届满前，对保险合同进行解除从而提前结束保险合同效力的法律行为。

（二）保险合同解除的条件及后果

依照保险合同解除的依据不同，可将保险合同解除的形式分为法定解除和约定解除。

1. 法定解除

法定解除，是指当事人根据法律的规定享有保险合同的解除权，通过行使该法定解除权解除合同的过程。

对于投保人来说，除保险法另有规定或者保险合同另有约定外，保险合同成立后，投保人享有保险合同的任意解除权，其可以以自己的意思通过向保险人发出解除保险合同的意思表示以解除保险合同。依照保险法的规定，对于上述“本法另有规定”的内容，是指对于货物运输保险合同和运输工具航程保险合同，保险责任开始后，合同当事人不得解除合同。

对于投保人解除保险合同的后果，我国保险法就人身保险和财产保险作出了不同的规定。在人身保险合同中，投保人解除合同的，保险人应当自收到解除合同通知之日起 30 日内，按照合同约定退还保险单的现金价值。在财产保险合同中，保险责任开始前，投保人要求解除合同的，应当按照合同约定向保险人支付手续费，保险人应当退还保险费。保险责任开始后，投保人要求解除合同的，保险人应当将已收取的保险费，按照合同约定扣除自保险责任开始之日起至合同解除之日止应收的部分后，退还投保人。

对于保险人来说，由于其在保险合同法律关系中处于强势地位，保险法并未赋予其任意解除保险合同的权利。保险人只有在满足法律规定的条件时，方得解除保险合同。法律规定的保险人可以解除保险合同的情形主要有以下几种：

（1）投保人违反如实告知义务

在保险合同订立过程中，投保人应当将有关保险标的或者被保险人的有关情况如实告知保险人。投保人如实告知义务的内容与范围以保险人的询问为限，且必须是具体性的内容。投保人违反上述义务的，需要承担相应的不利后果。对此，我国保险法规定，投保人故意或者因重大过失未履行规定的如实告知义务，足以影响保险人是否同意承保或者提高保险费率的，保险人有权解除合同。为了稳定当事人间的法律关系，稳定社会秩序，以及出于禁反言原则的考虑，该保险人的合同解除权，自保险人知道有解除事由之日起，超过 30 日不行使而消灭。自合同成立之日起超过 2 年的，保险人不得解除合同；发生保险事故的，保险人应当承担赔偿或者给付保险金的责任。

对于投保人违反如实告知义务并发生保险事故的情形，保险法根据投保人过错的不同情况对保险人的责任作出了规定。投保人故意不履行如实告知义务的，保险人对于合同解除前发生的保险事故，不承担赔偿或者给付保险金的责任，并不退还保险费。投保人因重大过失未履行如实告知义务，对保险事故的发生有严重影响的，保险人对于合同解除前发生的保险事故，不承担赔偿或者给付保险金的责任，但应当退还保险费。

上述解除权的规定是因为投保人未履行如实告知义务，使保险人在不知道保险标的真实状况的情况下订立保险合同并收取保险费用。如果保险人在合同订立时知道投保人未如实告知的情况，或者在合同订立后知道或者应当知道投保人未履行如实告知义务仍收取保险费用，则出于禁反言原则不赋予保险人合同解除权。发生保险事故的，保险人应当承担赔偿或者给付保险金的责任。

（2）投保人申报被保险人年龄不真实且不可保

该条属于投保人违反如实告知义务的情形。在人身保险合同中，投保人应当如实告知保险人被保险人的真实年龄。投保人申报的年龄不真实且真实年龄不可保的，保险人可以解除合同，并按照合同约定退还保险单的现金价值；投保人申报的年龄不真实且真实年龄可保的，保险人应当相应地调整保险费用或者在给付保险金时按照实付保险费与应付保险费的比例支付。此外，因该条属于投保人违反如实告知义务的情形，故适用上述的禁反言原则，保险人在合同订立时知道投保人未如实告知被保险人年龄且真实年龄不可保，或者在合同订立后知道或者应当知道上述情况仍收取保险费用，保险人无权解除合同。发生保险事故的，保险人应当承担赔偿或者给付保险金的责任。

（3）保险欺诈

在投保人、被保险人或者受益人谎称发生保险事故或者故意制造保险事故以索赔保险金的情况下，保险人可以拒绝支付保险金并解除保险合同。对此，保险法规定，未发生保险事故，被保险人或者受益人谎称发生了保险事故，向保险人提出赔偿或者给付保险金请求的，保险人有权解除合同，并不退还保险费。投保人、被保险人故意制造保险事故的，保险人有权解除合同，不承担赔偿或者给付保险金的责任，并且原则上不退还保险费，除非被保险人故意犯罪或者抗拒依法采取的刑事强制措施导致其伤残或死亡。被保险人故意犯罪或者抗拒依法采取的刑事强制措施导致其伤残或死亡的情况，保险人不承担给付保险金的责任。但投保人已交足 2 年以上保险费的，保险人应当按照合同约定退还保险单的现金价值。

（4）投保人或者被保险人违反维护保险标的安全的义务

投保人、被保险人负有依照法律规定、合同的约定维护保险标的安全的义务。投保人、被保险人未按照约定履行其对保险标的的安全应尽责任的，保险人有权要求增加保险费或者解除合同。

（5）保险标的危险程度显著增加

在合同有效期内，保险标的的危险程度显著增加的，被保险人应当按照合同约定及时通知保险人，保险人可以按照合同约定增加保险费或者解除合同。保险人解除合同的，应当将已收取的保险费，按照合同约定扣除自保险责任开始之日起至合同解除之日止应收的部分后，退还投保人。应当注意的是，该合同解除权不以被保险人未履行保险标的风险增加的通知义务为要件，只要保险标的在保险合同有效期内危险程度显著增加的，保险人即可以按照合同的约定解除保险合同。

对于保险标的的危险程度显著增加这一事实认定问题上，应当综合考虑以下因素：①保险标的用途的改变；②保险标的使用范围的改变；③保险标的所处环境的变化；④保险标的因改装等原因引起的变化；⑤保险标的使用人或者管理人的改变；⑥危险程度增加持续的时间；⑦其他可能导致危险程度显著增加的因素。此外，保险标的危险程度虽然增加，但增加的危险属于保险合同订立时保险人预见或者应当预见的保险合同承保范围的，不构成保险法规定的保险合同解除事由的“危险程度显著增加”。

（6）投保人在合同效力中止 2 年后仍未与保险人达成复效协议

依照保险法的规定，在保险合同效力中止后，自合同效力终止之日起满 2 年双方未达成协议的，保险人有权解除合同。保险人依据该条解除合同主要是因为投保人逾期未提出保险合同的复效申请、拒绝交纳拖欠的保险费用以及在保险合同中止期间保险标的的危险程度显著增加，保险人认为不符合当初承保的情况。

2. 约定解除

保险合同作为一种合同，是双方当事人合意的体现。为此，当事人可以通过达成合意解除保险合同。这样解除保险合同主要有两种形式。其一是由当事人事先在保险合同中约定合同解除的条件或是当事人获得解除权的情况，当约定的情形出现时，保险合同自动解除或是由当事人行使约定解除权解除保险合同。其二是在保险合同订立后，由双方当事人通过协商解除合同，当事人的协商结果即是对保险合同的解除。

四、保险合同的终止

（一）保险合同终止的概念

保险合同的终止，是指保险合同成立后，因法定或者约定的事由出现而使得保险合同的效力永久消灭的情形。保险合同终止的效力仅向未来发生，不具有溯及既往的效力。保险合同的解除是保险合同终止的原因之一。

（二）保险合同终止的原因

保险合同终止的原因主要有保险合同的有效期限届满、保险合同约定的义务已经履行、保险标的灭失或者被保险人死亡三种情形。

1. 保险合同的有效期限届满

保险合同约定有有效期限的，保险人对在保险合同有效期限内发生的保险事故造成的保险标的的损失在保险金额范围内承担责任。但是在现实中，很多保险合同在保险有效期限内并没有发生保险事故，因此保险人实际上没有承担保险责任。在该有效期限届满后，当事人间依据保险合同所产生的权利义务归于消灭，保险合同效力终止。

2. 保险合同约定的义务已经履行

保险合同约定的义务得到履行，主要是指保险人已经按照保险合同的约定支付保险金。当保险人按照保险合同的约定全额支付保险金后，保险合同终止。

应当注意的是，在保险合同约定的义务部分履行后，保险合同的效力并不当然终止，保险人仍需要对尚未发生保险事故的部分继续承担保险责任。不过依照我国保险法的有关规定，保险标的发生部分损失的，自保险人赔偿之日起30日内，投保人可以解除合同；除合同另有约定外，保险人也可以解除合同，但应当提前15日通知投保人。合同解除的，保险人应当将保险标的未受损失部分的保险费，按照合同约定扣除自保险责任开始之日起至合同解除之日止应收的部分后，退还投保人。当事人依照法律的规定行使解除权解除合同后，合同终止。

3. 保险标的灭失或者被保险人死亡

保险标的是保险合同权利义务所指向的对象，当保险标的消灭后，保险合同中的风险不复存在，保险合同中的权利义务没有依附，保险合同即终止。在财产保险合同中，保险标的的消灭表现为保险财产的灭失；在人身保险合同中，保险标的的消灭表现为被保险人的死亡。

【风险提示】

1. 被保险人转让保险标的应当及时通知保险人，并根据实际情况协商增加保费或者解除合同，以免保险人在保险标的因转让而危险程度显著增加导致发生保险事故不承担保险责任。

2. 投保人或被保险人变更受益人的，应当及时通知保险人，以免原受益人不当使用保险金而产生一系列麻烦。

3. 在宽限期内，投保人、被保险人或受益人应当及时交纳保险费用，以免保险合同中止；在保险合同中止后，上述人员亦应当及时补交保险费用，以尽快恢复保险合同的效力。

【相关案例】

案例1 仝某某诉中国人寿保险股份有限公司宿迁市分公司投保人申请恢复人身保险合同效力纠纷案

1999年6月，仝某某在中国人寿保险股份有限公司宿迁市分公司（以下简称“人寿保险宿迁公司”）处购买“鸿寿养老金”保险一份，合同约定缴费期间为20年，缴费方式为年缴。上述保费一直在人寿保险宿迁公司柜面逐年缴费至2009年，后涉案保单办理了银行代扣手续，2010年因代扣问题，导致保费未缴纳。2016年，仝某某提起本案诉讼，请求法院判令被告人寿保险宿迁公司立即恢复原被告签订的《鸿寿养老金保险合同》的效力，由其向被告按约定补缴保险费用。被告人寿保险宿迁公司以原告自2010年起一直欠缴保险费用，超过保险合同约定的“投保人应在宽限期届满之日起两年内向被告递交复效申请书”为由，不同意复效案涉保险合同。

就本案保险合同是否存在复效的基础，法院认为，我国保险法第37条第 1 款的规定："合同效力依照本法第三十六条规定中止的，经保险人与投保人协商并达成协议，在投保人补交保险费后，合同效力恢复。但是，自合同效力中止之日起满二年双方未达成协议的，保险人有权解除合同。"通过文义解释可知，2 年的期间限制的是保险公司解除保险合同的权利，而非限制投保人申请复效的期间。况且本案中，被告至今未提出解除保险合同的要求且在庭审中明确表示不提起解除保险合同的反诉，故案涉保险合同仍具有复效的基础。

案例 2　田某、冉某诉某保险公司人身保险合同纠纷案

小田系田某、冉某之子。2007 年，田某与某保险公司签订保险合同，约定：投保人为田某，被保险人为小田，受益人为田某、冉某，投保险种为终身保险，如被保险人身故，保险公司将按约定给付身故保险金。2009 年 11 月，小田因肺结核死亡。田某认为属于保险责任事故，向保险公司提出理赔申请。保险公司于 2009 年 12 月 25 日向田某出具《拒绝给付保险金通知书》，以田某、冉某未履行如实告知义务为由拒绝支付保险金。田某、冉某遂诉至该院，要求保险公司依约赔付保险金。另查明，小田于 2001 年接受过肺结核诊治。2007 年，田某在申请投保时，在填写个人保险投保单告知事项第 7 条 C 项"被保险人是否曾患有或接受治疗过哮喘、肺结核、肺气肿……等疾病"时，投保人田某及被保险人小田均填写为"否"。

法院认为，田某在投保时就被保险人小田曾患"肺结核"的事实未向保险公司尽到如实告知义务，保险公司有权解除合同。但保险公司从 2009 年 12 月 25 日起就应当知道有解除事由，而其在知道有解除事由之日起 30 日内未行使该解除权，其解除权已消灭。本案所涉保险合同未被解除的情况下，对双方仍具有约束力，保险公司应当按照本案所涉保险合同的约定承担给付田某等人保险金的责任。

【法条指引】

中华人民共和国保险法（节录）

第二十条　投保人和保险人可以协商变更合同内容。

变更保险合同的，应当由保险人在保险单或者其他保险凭证上批注或

者附贴批单，或者由投保人和保险人订立变更的书面协议。

第三十六条 合同约定分期支付保险费，投保人支付首期保险费后，除合同另有约定外，投保人自保险人催告之日起超过三十日未支付当期保险费，或者超过约定的期限六十日未支付当期保险费的，合同效力中止，或者由保险人按照合同约定的条件减少保险金额。

被保险人在前款规定期限内发生保险事故的，保险人应当按照合同约定给付保险金，但可以扣减欠交的保险费。

第七节 重复保险和超额保险

【规则要点】

为确保当事人不因为保险合同的实现获得超出实际损失的利益，践行损失补偿原则，我国保险法对重复保险及超额保险均持否定态度，投保人将依法承担相应的不利益。

【理解与适用】

一、重复保险

（一）重复保险的概念

重复保险，是指投保人对同一保险标的、同一保险利益、同一保险事故分别与两个以上保险人订立保险合同，且保险金额总和超过保险价值的保险。由于在人身保险合同中，作为被保险人的身体、健康等因素无价，不能衡量其保险价值，因此，重复保险一般被认为只存在于财产保险合同中。但对于人身保险中损失补偿型的保险，如补偿被保险人因治疗疾病产生的医疗费用的，保险价值可以确定，也应当适用重复保险的有关规定。

（二）重复保险的效力

依照我国保险法的有关规定，重复保险的投保人应当将重复保险的有关情况通知各保险人。

为了防止被保险人因为重复保险而获得额外的收益、避免不必要的道德风险，重复保险的各保险人赔偿保险金的总和不得超过保险价值，重复保险约定的保险金中超过保险价值的部分无效。对于各保险人承担保险责任的比例，基于分摊原则，除合同另有约定外，各保险人按照其保险金额与保险金额总和的比例承担赔偿保险金的责任。

重复保险的投保人可以就保险金额总和超过保险价值的部分，请求各保险人按比例返还保险费。

二、超额保险

（一）超额保险的概念

超额保险，是指保险金额高于保险价值的保险。出于和重复保险一样的考虑，超额保险只适用于财产保险合同以及损失补偿型的人身保险合同。

（二）超额保险的效力

为了防止被保险人因为重复保险而获得额外的收益、避免不必要的道德风险，世界各国保险法一般对超额保险均持否定态度。我国保险法规定，保险金额不得超过保险价值。超过保险价值的，超过部分无效，保险人应当退还相应的保险费。

【风险提示】

1. 投保人对同一保险标的、同一保险利益、同一保险事故分别与两个以上保险人订立保险合同的，应当注意各保险合同保险金额总和与保险价值的关系，避免构成重复保险。

2. 投保人应当根据保险价值对保险金额作出适当的约定，以免后续退还保险费用的烦琐或者损失得不到充分的救济。

【相关案例】

中国人民财产保险股份有限公司苏州市分公司与戴某某等财产损失保险合同纠纷上诉案

戴某某为甲车分别向中国人民财产保险股份有限公司长沙市分公司

(以下简称“中保长沙分公司”)、中国人民财产保险股份有限公司苏州市分公司(以下简称“中保苏州分公司”)投保了人民币100万元的第三者责任保险、起重机械综合保险,后者包括第三者责任保险,每次事故责任限额为5万元。

此后,谭某某以甲车在保险期间发生事故导致协助安装作业的其本人受伤为由起诉甲车实际车主戴某某等人。人民法院判决戴某某对谭某某负赔偿责任。上述判决生效后,戴某某累计向谭某某支付人民币共计14余万元。

此后,戴某某以中保长沙分公司、中保苏州分公司为被告,请求法院判令两公司分别在原告与其签订的第三者责任保险合同保险金额范围内,按照保险合同约定向其支付保险金。

人民法院认为,该案争议焦点之一在于中保苏州分公司是否应该按照戴某某在中保苏州分公司和中保长沙分公司的保险金额总和的比例承担赔偿责任。法院认为,戴某某与中保苏州分公司、中保长沙分公司分别签订了包含了第三者责任保险单次事故责任限额为人民币5万元的起重机械综合保险、人民币100万元的第三者责任保险,二者均属于财产险,是对同一保险标的、同一保险利益、同一保险事故分别与两个以上保险人订立保险合同的行为,且保险金额总和大于戴某某实际产生的损失,构成重复保险,依据《中华人民共和国保险法》第56条规定,除合同另有约定外,各保险人应当按照其保险金额与保险金额总和的比例承担赔偿保险金的责任。故中保苏州分公司应该按照戴某某在中保苏州分公司和中保长沙分公司的保险金额总和的比例承担赔偿责任。

【法条指引】

中华人民共和国保险法(节录)

第五十五条第三款 保险金额不得超过保险价值。超过保险价值的,超过部分无效,保险人应当退还相应的保险费。

第五十六条 重复保险的投保人应当将重复保险的有关情况通知各保险人。

重复保险的各保险人赔偿保险金的总和不得超过保险价值。除合同另有约定外，各保险人按照其保险金额与保险金额总和的比例承担赔偿保险金的责任。

重复保险的投保人可以就保险金额总和超过保险价值的部分，请求各保险人按比例返还保险费。

重复保险是指投保人对同一保险标的、同一保险利益、同一保险事故分别与两个以上保险人订立保险合同，且保险金额总和超过保险价值的保险。

最高人民法院关于适用《中华人民共和国保险法》若干问题的解释（二）（节录）

第一条 财产保险中，不同投保人就同一保险标的分别投保，保险事故发生后，被保险人在其保险利益范围内依据保险合同主张保险赔偿的，人民法院应予支持。

第三章

保险合同法分论

本章为保险合同分论，主要阐释各种不同的保险类型，并附贴各类型保险合同样本，使读者在了解各种保险合同类型的基础上可以切实对其作出认识。

第一节　人寿保险合同

【规则要点】

人寿保险合同是以人的寿命为保险标的的保险，其具有保险金定额给付、长时间保险期间、保险费用支付不可诉、储蓄型等特点。以承保的危险为标准，人寿保险合同可以分为死亡保险合同、生存保险合同和生死两全保险合同三种基本类型。

【理解与适用】

一、人寿保险合同的特殊性

与其他保险合同尤其是其他人身保险合同比较，人寿保险合同的特殊性体现在以下几个方面：

（一）保险金的定额给付

在人寿保险合同中，保险标的是人的寿命，保险人给付保险金的条件是被保险人在合同约定的期限内生存或者死亡，基于人的寿命的无价性，无论是被保险人生存或者死亡，都无法确定被保险人受到的损失。因此，对于人寿保险合同的保险金给付，均使用定额给付方式，保险人按照保险合同中约定的保险金额进行给付。

（二）保险期间较长

相较于财产保险以及意外伤害保险等，人寿保险的保险期间普遍较长，多为一年以上甚至终身的人寿保险合同。

（三）保险支付的不可诉性

依据我国保险法的规定，人寿保险合同的投保人欠交保费时，保险人不得采用诉讼的方式要求投保人缴纳保险费用。

（四）保险合同储蓄性

在人寿保险合同中，保险合同约定的被保险人在保险期间内生存或者死亡的条件通常能够实现，这也就使得人寿保险合同的被保险人或者受益人通常能够依据保险合同获得相应的保险金。故人寿保险合同具有储蓄性，可作为人们投资理财的一种方式。

（五）不存在代位求偿权

代位求偿权建立在损失补偿原则的基础上，而由于人寿保险合同给付保险金适用定额给付原则，故在人寿保险合同中没有代位求偿权存在的基础。

二、人寿保险合同的种类

在中国保险实务中，通常根据不同的保险金给付条件，将人寿保险合同分为死亡保险合同、生存保险合同和生死两全保险合同。

（一）死亡保险合同

死亡保险合同，是指投保人和保险人签订的以被保险人死亡为给付保险金条件的保险合同。以保险期间的长短为标准，可以将死亡保险合同再分为定期人寿保险合同与终身人寿保险合同。

1. 定期人寿保险合同

定期人寿保险合同是指投保人与保险人签订的以被保险人在保险期间内死亡为给付保险金条件的保险合同。定期保险合同具有以下特殊性：

（1）保险人只对在保险期间内发生的保险事故承担保险责任，故在保险金额相同的情况下，投保人需要交纳的保险费用低于终身人寿保险合同的保险费用。

（2）在人寿保险合同中，被保险人在保险期间内死亡的，保险人按照合同约定向受益人支付保险金；被保险人在保险期间内未死亡的，保险人则无须支付保险金，并不退还保险费用。

由于定期人寿保险合同的保险期间一般约定的较为短暂，被保险人在保险期间内未死亡为多数情况，定期人寿保险合同提供的主要是对特定期间被保险人生命的风险保障，故其不具有长期终身人寿保险合同的储蓄性。定期保险合同比较适合那些需要在短期内从事高危活动的人群。

2. 终身人寿保险合同

终身人寿保险合同是指投保人与保险人签订的，约定保险人在被保险人死亡后向受益人支付保险金的保险合同。终身人寿保险合同的保险期间不定期，从合同生效时起直至被保险人死亡之时止。由于人的死亡必然发生，故终身人寿保险合同中的保险人势必会向受益人支付保险金，这也使得该类保险合同具有很强的储蓄性。此外，终身人寿保险合同具有现金价值，投保人可以选择中途退保领取退保金，或者在保险单的现金价值范围内借款，便于投保人的资金流通。

（二）生存保险合同

生存保险合同，是投保人和保险人签订的以被保险人在合同约定的保险期间届满时仍然生存为条件而给付保险金的保险合同。生存保险合同具有较强的储蓄性，但如果被保险人在保险合同约定的期间届满前死亡的，保险人则不支付保险金并不退还保费。当事人可以对保险人支付保险金的方式进行约定，其中包括在保险期间届满时一次性支付保险金或者在保险期间届满后分期支付保险金。当事人以被保险人生存为给付保险金条件，并按照约定的时间间隔分期支付保险金的人身保险即为年金保险。

（三）生死两全保险合同

生死两全保险合同，是指投保人和保险人约定，若被保险人在保险期间内死亡，保险人向受益人支付保险金；若被保险人生存至保险期间届满之时，保险人向被保险人支付保险金的保险合同。生死两全保险合同是定期人寿保险合同与生存保险合同的结合，无论被保险人在保险期间内生存或是死亡，保险人都需要依照保险合同的约定支付保险金。因此，生死两全保险合同也兼具定期人寿保险合同与生存保险合同的特征，既可以保障被保险人在保险期间内的生存风险，也可以保障被保险人的晚年生活。

【风险提示】

在人寿保险合同中，保险人往往通过约定责任期限在保险合同生效之日起一定期间内（通常为180日）不承担或以较低的标准给付保险金。对此，投保人须对责任期限事先了解并进而根据自身情况决定是否投保。

【法条指引】

中华人民共和国保险法（节录）

第二十六条第二款 人寿保险的被保险人或者受益人向保险人请求给付保险金的诉讼时效期间为五年，自其知道或者应当知道保险事故发生之日起计算。

第三十八条 保险人对人寿保险的保险费，不得用诉讼方式要求投保人支付。

第八十九条第二款 经营有人寿保险业务的保险公司，除因分立、合并或者被依法撤销外，不得解散。

第一百二十五条 个人保险代理人在代为办理人寿保险业务时，不得同时接受两个以上保险人的委托。

第一百三十五条第一款 关系社会公众利益的保险险种、依法实行强制保险的险种和新开发的人寿保险险种等的保险条款和保险费率，应当报国务院保险监督管理机构批准。国务院保险监督管理机构审批时，应当遵循保护社会公众利益和防止不正当竞争的原则。其他保险险种的保险条款和保险费率，应当报保险监督管理机构备案。

第二节 健康保险合同

【规则要点】

健康保险合同是以被保险人出现疾病、分娩等情况或由于前述情况导致医疗、护理等方面费用的支出为给付保险金条件的人身保险合同。在中国保险实务中，通常根据承保风险的种类为标准，将健康保险合同分为医疗保险合同、疾病保险合同、失能收入损失保险合同和护理保险合同。

【理解与适用】

一、健康保险合同的特殊性

（一）保险金的损失补偿性

依照中国法律规定，在健康保险合同中，保险金的给付主要表现为补偿保险人因遭受疾病等进行医疗、护理而造成的损失，如果被保险人没有遭受上述损失，也就不存在保险金的给付。故健康保险合同中更多体现的是损失补偿性，不同于人寿保险合同的定额给付性。

（二）承保风险的专业性、主观性强

健康保险合同的承保风险主要是疾病，而由于疾病的发生可能涉及人体的各个器官、组织、系统，其原因具有多样性、病情具有复杂性，对于某一事故的发生是否属于保险合同的承保范围较难确定，需要具备较高的专业知识并依赖于主体的主观认知。此外，对于疾病的治疗手段和治疗方式的选择甚多，而不同的治疗手段和方式则会产生数额不同的治疗费用。对此，需要当事人事先在保险合同中对保险风险作出详尽完备的说明与解释，并客观地进行保险合同的索赔与理赔。

（三）保险费用的厘定与疾病相关情况有关

在健康保险合同中，保险费用的厘定除需要考虑一般人身保险合同需要考虑的因素外，尚须考虑与承保风险有关的情况，如疾病经验发生率、伤残率和疾病或伤残的持续时间等因素，并以保险金额损失率为基础，结合当地的医疗消费水平以及药物价格进行确定。

二、健康保险合同的种类

在中国保险实务中，通常根据承保风险的种类为标准，将健康保险合同分为医疗保险合同、疾病保险合同、失能收入损失保险合同和护理保险合同。

（一）医疗保险合同

医疗保险合同，是指投保人与保险人签订的以被保险人接受特定的医疗行为为保险人给付保险金条件的保险合同。按照保险金的给付性质，医疗保险合同可以分为损失补偿型医疗保险合同与定额给付型医疗保险合同。在损失补偿性医疗保险中，保险人在特定医疗行为发生后需要根据被保险人实际产生的医疗费用，按照约定的标准确定给付的保险金数额，给付的保险金数额不得超过相关医疗行为实际产生的医疗费用。《保险法解释（三)》对损失补偿型医疗保险进行了规定，保险人给付费用补偿型的医疗费用保险金时，主张扣减被保险人从公费医疗或者社会医疗保险取得的赔偿金额的，应当证明该保险产品在厘定保险费率时已经将公费医疗或者社会医疗保险部分相应扣除，并按照扣减后的标准收取保险费。据此，保险公司设计费用补偿型医疗保险产品必须区分被保险人是否拥有公费医疗、社会医疗保险等具体情况，并对费率、保险金等作出相应调整。而在定额给付性医疗保险中，保险人在被保险人接受特定医疗行为后即按照约定的数额给付保险金，简便快捷。

在保险实务中，医疗保险合同中所承担的风险通常都是大病医疗费用风险，对因轻微疾病造成的低数额医疗费用则不予保障，故医疗保险合同又称为大额医疗费支出保险合同。

（二）疾病保险合同

疾病保险合同，是指投保人与保险人签订的，以被保险人发生特定疾病为保险人给付保险金条件的保险合同。疾病保险合同旨在保障被保险人出现癌症、白血病等重大疾病风险，由于这些疾病的出现会产生巨大的费用支出，故疾病保险合同的保险金额通常较高，并一次性给付保险金额。在保险实务中，疾病保险合同中通常都规定有观察期，观察期一般为 180 日，观察期结束后保险单才正式生效，保险人对被保险人在观察期内因疾病保险合同约定的疾病出现所产生的费用不承担保险责任。此外，疾病保险合同的保险期限一般较长，具有一次投保，终身受用的效果。

（三）失能收入损失保险合同

失能收入损失保险合同，是指投保人与保险人签订的，以意外事故、疾病的出现导致被保险人收入中断或减少为给付保险金条件的合同。失能收入损失保险合同以被保险人因意外伤害、损失丧失劳动能力为条件，在一定的期限内，由保险人按照约定的标准向被保险人给付保险金，以保证被保险人的基本生活，并为其尽早恢复劳动能力提供条件。

（四）护理保险合同

护理保险合同，是指投保人与保险人签订的，以被保险人因约定的日常生活能力障碍而接受护理为给付保险金条件的保险合同。随着我国人口老龄化的加剧，护理保险的应用越来越普遍，其通常作为其他人身险的附加险出现。

【风险提示】

健康保险合同的专业性一般较强，保险合同中存在与保险及疾病有关的诸多术语，如重大疾病、特定医疗行为等。对此，在订立健康保险合同时，投保人应当在保险人的提示说明下对相关术语详细了解与理解，以充分知悉保险合同内容，否则可能影响保险金的请求。此外，健康保险合同中往往也存在人寿保险合同中责任期限的问题，投保人对此须注意。

【法条指引】

最高人民法院关于适用《中华人民共和国保险法》若干问题的解释（三）（节录）

第十八条 保险人给付费用补偿型的医疗费用保险金时，主张扣减被保险人从公费医疗或者社会医疗保险取得的赔偿金额的，应当证明该保险产品在厘定医疗费用保险费率时已经将公费医疗或者社会医疗保险部分相应扣除，并按照扣减后的标准收取保险费。

第十九条 保险合同约定按照基本医疗保险的标准核定医疗费用，保险人以被保险人的医疗支出超出基本医疗保险范围为由拒绝给付保险金的，人民法院不予支持；保险人有证据证明被保险人支出的费用超过基本医疗保险同类医疗费用标准，要求对超出部分拒绝给付保险金的，人民法院应予支持。

第三节 意外伤害保险合同

【规则要点】

意外伤害保险合同是以意外伤害的发生导致被保险人残疾或者死亡为

给付保险金条件的人身保险合同。以保险人承担的保险责任为标准，可将意外伤害保险合同分为意外伤害死亡残疾保险合同、意外伤害医疗保险合同、综合意外保险合同和意外伤害收入保障保险合同。

【理解与适用】

一、意外伤害保险合同的特殊性

（一）以意外伤害的发生导致被保险人残疾或者死亡为给付保险金的条件

在意外伤害保险合同中，保险人给付保险金的条件为意外伤害的发生并且导致被保险人残疾或者死亡。对于上述条件，需要注意以下三点。

1. 须在保险期间内有意外伤害的发生

意外伤害，是指在被保险人没有预见或者违背其意愿的情况下，突然发生的外来致害物对被保险人身体明显、剧烈地侵害的客观事实。意外伤害必须是外来的、突发的、非本意的、非疾病的客观事件，其不是被保险人所追求的事件、不是被保险人所预料到的事件，亦不是因被保险人的自身疾病导致的事件，并且该事件必须是已经客观发生的事件，非当事人的臆想。

此外，意外伤害必须是在保险期间内发生。如果被保险人在保险期间之前或者之后遭遇意外伤害，即使由其造成的残疾或者死亡的结果发生在保险期间，保险人亦不给付保险金。

2. 被保险人死亡或者残疾

死亡，包括被保险人的生理死亡和宣告死亡。保险人因为被保险人宣告死亡而向受益人给付保险金的，如若事后证明被保险人生还，则受益人应当于知道或者应当知道被保险人生还后在合理期限内退还保险人支付的保险金。

残疾，是指人体组织的永久性残缺、残损或者人体器官正常功能的永久丧失。

对于死亡或者残疾的时间应在责任期限内。责任期限，是界定被保险人遭受意外伤害后导致的死亡结果或者残疾程度的期限，是确定意外伤害保险责任的期限，一般为180天。如果被保险人在保险期间内遭受意外伤害而在责任期限内生理死亡或者被宣告死亡且有证据证明其在责任期限内下落不明的，保险人即应当按照意外伤害保险合同的约定支付保险金。

此外，对于残疾保险金须支付的数额，保险人应当参照保险合同约定的标准确定，且该标准通常体现为特定保险合同所附的《人身保险残疾程度与保险金给付比例表》。如果责任期限届满但治疗仍未结束的，保险人应当按照责任期限届满当日的身体情况进行残疾鉴定并据此给付残疾保险金。被保险人的残疾状况在责任期限届满之日后减轻或者加重的，当事人无须对已支付的保险金额进行调整。

3. 意外伤害的发生与被保险人的死亡或者残疾具有因果关系

保险人按照意外伤害保险合同的约定给付保险金，需要意外伤害的发生与被保险人的死亡或者残疾具有直接的、最有效的、起决定性作用的因果关系。此外，当意外伤害的发生是被保险人死亡或者残疾的诱因时，一般认为保险人也需要支付保险金，但其不是按照保险金额和被保险人的最终后果给付保险金，而是按照身体健康遭受该意外伤害会造成何种后果给付保险金。

（二）保险期间较短

相较于人寿保险合同和健康保险合同，意外伤害保险合同的保险期间较短，一般不超过一年，像我们较常见的交通运输意外保险，在该次交通运输结束后，保险即告结束。

（三）偏向于定额给付

就意外伤害保险合同而言，其兼具定额给付性与损失补偿性，但其本质与侧重还是在发生意外伤害并造成被保险人死亡或者残疾时按照保险合同的约定一次性按照确定的数额给付保险金，故其更偏向于定额给付性。

（四）保险费用的厘定以被保险人发生意外伤害的概率为基础

在意外伤害保险合同中，保险费率的厘定主要是考虑被保险人发生意外伤害的概率，这其中影响较大的因素包括被保险人的职业、工种或者经常进行的活动，而与其年龄、性别、健康状况等则无直接联系。被保险人因意外伤害致害的概率越高，保险人为此承担的风险就越大，被保险人签订同类意外伤害保险合同所需要交纳的保险费用就越多。因为意外伤害保险合同保险费用的厘定以被保险人发生意外伤害的概率为基础，而被保险人发生意外伤害又在很大程度上取决于其职业、工种等，故其在保险期间内变更职业或者工种的，应当按照法律的规定或者保险合同的约定及时告知保险人，使得保险人可以对保险合同作出相应的调整，否则应当承担法律规定或者保险合同约定的不利后果。

二、意外伤害保险合同的种类

以保险人承担的保险责任为标准，可将意外伤害保险合同分为意外伤害死亡残疾保险合同、意外伤害医疗保险合同、综合意外保险合同和意外伤害收入保障保险合同。

（一）意外伤害死亡残疾保险合同

意外伤害死亡残疾保险合同，是指投保人与保险人签订的，以被保险人因意外伤害而出现死亡或者残疾的情况为给付保险金条件的保险合同。在意外伤害死亡残疾保险合同中，被保险人因意外伤害而出现死亡或者残疾的情况为保险人给付保险金的条件，不考虑被保险人所遭受的实际损失，故意外伤害死亡残疾保险合同表现为定额给付型保险合同。在保险事故发生后，保险人按照保险合同约定的数额向被保险人或者受益人给付保险金。

（二）意外伤害医疗保险合同

意外伤害医疗保险合同，是指投保人与保险人签订的，以被保险人遭受意外伤害而接受特定的医疗行为为给付保险金条件的保险合同。不同于意外伤害死亡残疾保险合同，在意外伤害医疗保险合同中，保险人支付保险金的目的在于补偿被保险人因为遭受意外事故而产生的医疗费用，故保险人给付保险金的数额不得超过被保险人实际支出的医疗费用，意外伤害医疗保险合同为损失补偿型保险合同。作为一种损失补偿性保险合同，意外伤害医疗保险合同与健康保险合同中的医疗保险合同在保险费用的厘定、保险金的支付方面存在许多相同之处，如保险费用的厘定均须考虑当地的医疗费用、药品费用等状况，它们之间最大的区别即是其医疗费用产生的原因的不同，意外伤害医疗保险合同中医疗费用的产生原因为意外伤害，而医疗保险合同中医疗费用的产生原因则较为广泛，一般包括疾病与意外伤害等。

（三）综合意外保险合同

综合意外保险合同，是意外伤害死亡残疾保险合同与意外伤害医疗保险合同的综合，在保险期间内，保险人既须对被保险人因遭受意外伤害而出现死亡或者残疾的情况给付保险金，亦须对被保险人因意外伤害而接受特定医疗行为产生的医疗费用给付保险金。综合意外保险合同相较上述两种保险合同更为全面，因此在保险金额等条件相同的情况下，投保人为签订综合意外保险合同需要交纳更多的保险费用。

（四）意外伤害收入保障保险合同

意外伤害收入保障保险合同，是指投保人与保险人签订的，以被保险人因遭受意外伤害而死亡或者残疾导致收入中断或者减少为给付保险金条件的保险合同。意外伤害收入保障保险合同在保险费用的厘定、保险金的给付等方面与健康保险合同中的失能收入损失保险合同有相同之处。

【风险提示】

与健康保险合同相似，意外伤害保险合同的专业性一般较强。在订立意外伤害保险合同时，投保人应当在保险人的提示说明下对何为意外伤害以及意外伤害的范围进行了解与理解，以充分知悉保险合同内容。此外，意外伤害保险合同中往往也存在人寿保险合同中责任期限的问题，投保人对此须注意。

第四节　财产损失保险合同

【规则要点】

财产损失保险合同是以补偿物质财产的损失为目的的保险合同。财产损失保险合同主要有机动车辆保险合同、企业财产保险合同、家庭财产保险合同、工程保险合同、货物运输保险合同、农业保险合同等。

【理解与适用】

一、机动车辆保险合同

（一）机动车辆保险合同的概念

机动车辆保险合同，是指以机动车辆本身及被保险人的第三者责任为保险标的，保险人对保险车辆遭受保险事故所造成的损失承担保险责任的保险合同。机动车辆是指汽车、电车、电瓶车、摩托车、拖拉机、各种专用机械车、特种车等。此外，出于机动车辆保险合同的整体性考量，在此一并叙述机动车辆保险合同的第三者责任险。

（二）机动车辆保险合同的特殊性

相较于其他财产保险合同，机动车辆保险合同具有以下特殊性。

1. 保险标的的多样性

机动车辆保险合同的保险标的，不仅包含机动车辆本身的物质价值，也包含因机动车辆引起的责任与相关费用，是有形财产与无形财产的结合。

2. 承保风险较高

机动车辆在道路上行驶，流动性强、机动性高，遇到的各种道路状况复杂，事故的发生难以预测和衡量；此外，机动车的驾驶人不确定，除被保险人外，只要是经被保险人允许的合格驾驶人员使用已保险的机动车辆发生保险事故的，保险人均需要对因此造成的车辆损失及对第三者的责任承担保险责任。

3. 保险费的支付与被保险人在交通事故中的责任份额有关

在因发生交通事故造成被保险车辆损毁或造成第三人损失的情况下，保险人通常依照保险合同的约定根据被保险人在交通事故中的责任份额，确定相应的支付比例，并以此计算实际给付的保险金。

4. 实行无赔款优待原则

无赔款优待原则，是指被保险人在保险期间内未发生保险事故请求保险人支付保险金的，保险人将作出认定降低被保险人发生保险事故的概率，在后续签订的保险合同中，保险人会依据被保险人降低的保险事故发生概率，在保险金额等其他条件相同的情况下，降低收取的保险费用数额；反之，保险人将提高后续保险合同中收取的保险费用数额。此原则旨在解决风险的不均匀分配，使保险费用与保险事故发生的概率直接相关，促使被保险人及其允许的合格驾驶人员依照交通法规，安全、谨慎驾驶。

5. 具有强制性

依照中国法律的规定，机动车辆上路必须购买机动车辆第三者责任险，用以在发生保险事故后使遭受损失的第三者能够获得救济，属于法定的强制性保险。

（三）机动车辆保险合同的种类

1. 商业保险合同

以保险责任的地位为标准，商业保险合同可以分为基本险合同与附加险合同。

基本险合同，是指保险责任在机动车辆保险合同中处于基础地位，合同的订立不需要依赖于其他合同的订立为条件的保险合同。机动车辆基本保险合同主要包括车辆损失保险、全车盗抢险、车上人员责任险等。

附加险合同，是指保险责任在机动车辆保险合同中处于附加地位，合同的订立需要依赖于相关的基本险合同的订立方得实现的保险合同。附加险合同主要包括玻璃单独破碎险、划痕险、自燃损失险、涉水行驶险、无过失责任险、车载货物掉落责任险、车辆停驶损失险、新增设备损失险、不计免赔特约险等。

2. 机动车交通事故责任强制保险合同

机动车交通事故责任强制保险合同是《中华人民共和国道路交通安全法》中特别规定的保险险种，是指承保被保险人在使用被保险机动车过程中发生交通事故，致使受害人遭受人身伤亡或者财产损失，依法应当由被保险人承担损害赔偿责任的保险合同。不同于商业保险合同，机动车交通事故责任强制保险属于法定保险，具有强制性，机动车辆上路行驶必须投保该种保险。

（四）车辆损失保险合同

1. 车辆损失保险合同的概念

车辆损失保险合同，是指投保人与保险人签订的，以保险车辆遭受保险责任范围内的自然灾害或意外事故而使车辆本身遭受损失为给付保险金条件的保险合同。车辆损失保险合同的保险标的是保险车辆本身，保险人对保险车辆本身遭受的损失在保险金额范围内承担保险责任。

2. 车辆损失保险合同的保险金额

在保险事故发生造成车辆本身的损失后，保险人按照保险合同的约定支付保险金，实际支付的保险金不得超过保险合同约定的保险金额。

车辆损失保险合同的保险金额有以下三种确定方式：

（1）按照投保时被保险机动车的新车购置价确定；

（2）按照投保时被保险机动车的实际价值确定，关于机动车实际价值的确定方式由当事人在保险合同中约定；

（3）在投保时被保险机动车的新车购置价内协商确定。

确定的保险金额不得超过投保时的新车购置价，否则，超过的部分无效。

3. 车辆损失保险合同的保险费率

车辆损失保险合同的保险费率直接关系投保人应当交纳的保险费数额，投保人在投保前应当了解保险人确定保险费率考虑的因素，以便为投保作出相应的调整。

保险公司在厘定车辆损失保险费率时，主要考虑以下情况。

（1）车的情况，包括保险车辆的使用性质、使用年限、价格、主要行驶区域、主要停放区域等情况；

（2）人的情况，包括被保险人的年龄、驾龄、既往违章记录、既往赔付记录、健康状况等情况；

（3）免赔率，是指保险合同中约定的、保险人按照相应的责任比例承担保险责任时的免赔部分；

（4）其他因素，主要包括多辆车优惠、无赔款优待、赔偿限额、再保险、通货膨胀、货币的时间价值及法律法规政策等。

（五）机动车交通事故责任强制保险合同

1. 机动车交通事故责任强制保险合同的概念

国务院颁布的《机动车交通事故责任强制保险条例》中特别规定了机动车交通事故责任强制保险。依其规定，机动车交通事故责任强制保险，是指由保险公司对被保险机动车发生道路交通事故造成本车人员、被保险人以外的受害人的人身伤亡、财产损失，在责任限额内予以赔偿的强制性责任保险。在机动车交通事故责任强制保险合同中，投保人是保险车辆的所有人或者管理人，保险人是从事机动车交通事故责任强制保险业务的保险公司，受害人是因交通事故的发生遭受损失的本车人员、被保险人以外的人员，投保人依照法律规定强制投保、保险公司强制承保。

2. 机动车交通事故责任强制保险的特殊性

（1）保险标的的特殊性

不同于一般的财产保险合同的保险标的为有形财产，机动车交通事故责任强制保险的保险标的是被保险人对于第三人因机动车交通事故产生的损害赔偿责任，是一种无形财产。

（2）保险合同的强制性

基于对社会公共利益的考虑，机动车交通事故责任强制保险合同表现有较强的强制性，这表现在保险合同的方方面面，如在保险合同的订立过程中，在中华人民共和国境内道路上行驶的机动车的所有人或者管理人强制投保、收到投保申请的从事机动车交通事故责任强制保险业务的保险公司强制承保，机动车交通事故责任强制保险合同实行统一的保险条款和基础保险费率等。

（3）保险合同的独立性

机动车交通事故责任强制保险合同的签订具有独立性。在签订保险合同时，投保人不得在保险条款和保险费率之外，向保险公司提出附加其他条件的要求；保险人不得强制投保人订立商业保险合同以及提出附加其他条件的要求。

（4）保险期限原则上为一年

机动车交通事故责任强制保险的保险期间为一年，但有下列情形之一的，投保人可以投保短期机动车交通事故责任强制保险。

① 境外机动车临时入境的；

② 机动车临时上道路行驶的；

③ 机动车距规定的报废期限不足一年的；

④ 国务院保险监督管理机构规定的其他情形。

机动车交通事故责任强制保险合同期满，投保人应当及时续保，并提供上一年度的保险单。

（5）机动车交通事故责任强制保险业务分业经营

为保证机动车交通事故责任强制保险业务的资金稳定与充实，保险公司的机动车交通事故责任强制保险业务，应当与其他保险业务分开管理，单独核算，不得与其他保险业务混同。

3. 机动车交通事故责任强制保险合同的订立

依照《机动车交通事故责任强制保险条例》的规定，在中华人民共和国境内道路上行驶的机动车所有人或者管理人，应当依照本条例的规定投保机动车交通事故责任强制保险。

投保人在投保时应当选择从事机动车交通事故责任强制保险业务的保险公司，被选择的保险公司不得拒绝或者拖延承保。

投保人投保时，应当向保险公司如实告知有关机动车辆与机动车辆所有人和管理人的重要事项。重要事项包括机动车的种类、厂牌型号、识别代码、牌照号码、使用性质和机动车所有人或者管理人的姓名（名称）、性别、年龄、住所、身份证或者驾驶证号码（组织机构代码）、续保前该机动车发生事故的情况以及国务院保险监督管理机构规定的其他事项。

经投保人投保、保险人承保，在保险人的承保的意思表示生效后，当事人之间的机动车交通事故责任强制保险合同成立并生效。投保人应当按照保险合同的约定一次性交纳保险费用，保险公司应当向投保人签发保险单、保险标志。保险单、保险标志应当注明保险单号码、车牌号码、保险期限、保险公司的名称、地址和理赔电话号码。被保险人应当在被保险机动车上放置保险标志。

4. 机动车交通事故责任强制保险合同的保险费用

机动车交通事故责任强制保险合同的保险费用根据保险费率确定。依照《机动车交通事故责任强制保险条例》的规定，机动车交通事故责任强制保险合同实行统一的基础保险费率。国务院保险监督管理机构按照机动车交通事故责任强制保险业务总体上不盈利、不亏损的原则审批保险费率。

同时，机动车交通事故责任强制保险合同的保险费率适用无赔偿优待原则。被保险机动车没有发生道路交通安全违法行为和道路交通事故的，保险公司应当在下一年度降低其保险费率。在此后的年度内，被保险机动车仍然没有发生道路交通安全违法行为和道路交通事故的，保险公司应当继续降低其保险费率，直至最低标准。被保险机动车发生道路交通安全违法行为或者道路交通事故的，保险公司应当在下一年度提高其保险费率。多次发生道路交通安全违法行为、道路交通事故，或者发生重大道路交通事故的，保险公司应当加大提高其保险费率的幅度。在道路交通事故中被保险人没有过错的，不提高其保险费率。降低或者提高保险费率的标准，由国务院保险监督管理机构会同国务院公安部门制定。

5. 机动车交通事故责任强制保险合同的保险责任

机动车交通事故责任强制保险合同的保险责任，是指在机动车交通事故责任强制保险合同中，保险人应当给付保险金的责任范围。

依照国务院制定《机动车交通事故责任强制保险条例》的有关规定，被保险机动车发生道路交通事故造成本车人员、被保险人以外的受害人人身伤亡、财产损失的，由保险公司依法在机动车交通事故责任强制保险责任限额范围内予以赔偿。道路交通事故的损失是由受害人故意造成的，保险公司不予赔偿。

由于机动车交通事故的范围广、危险性高以及受害人往往需要得到及时的救治，《机动车交通事故责任强制保险条例》规定，在下列情形之一出现时，保险公司在机动车交通事故责任强制保险责任限额范围内垫付抢救费用，并有权向致害人追偿。

（1）驾驶人未取得驾驶资格或者醉酒的；

（2）被保险机动车被盗抢期间肇事的；

（3）被保险人故意制造道路交通事故的。

有上述所列情形之一，发生道路交通事故的，造成受害人的财产损失，保险公司不承担赔偿责任。根据上述规定，因其中列举的三种情况造成保险事故导致受害人损失的，保险人不承担保险责任。但为了使交通事故的受害人得到及时的救治，法律规定保险人对受害人遭受的人身损失应当在保险责任限额内垫付抢救费用，并有权向致害人追偿。

机动车交通事故责任强制保险在全国范围内实行统一的责任限额。责任限额分为死亡伤残赔偿限额、医疗费用赔偿限额、财产损失赔偿限额以及被保险人在道路交通事故中无责任的赔偿限额。

6. 机动车交通事故责任强制保险合同的索赔与理赔

与一般的保险合同相同的是，保险人在保险事故发生后承担给付保险金责任的过程可以分为索赔与理赔两个过程。考虑到机动车交通事故责任强制保险的数量多、范围广、发生频率高以及被保险人往往需要及时的救济，《机动车交通事故责任强制保险条例》缩短了《中华人民共和国保险法》中一般保险有关索赔与理赔的时间规定。

被保险机动车发生道路交通事故，被保险人或者受害人通知保险公司的，保险公司应当立即给予答复，告知被保险人或者受害人具体的赔偿程序等有关事项；被保险人向保险公司申请赔偿保险金的，保险公司应当自收到赔偿申请之日起 1 日内，书面告知被保险人需要向保险公司提供的与赔偿有关的证明和资料。

保险公司应当自收到被保险人提供的证明和资料之日起5日内，对是否属于保险责任作出核定，并将结果通知被保险人；对不属于保险责任的，应当书面说明理由；对属于保险责任的，在与被保险人达成赔偿保险金的协议后10日内，赔偿保险金。

保险公司可以向被保险人赔偿保险金，也可以直接向受害人赔偿保险金。但是，因抢救受伤人员需要保险公司支付或者垫付抢救费用的，保险公司在接到公安机关交通管理部门通知后，经核对应当及时向医疗机构支付或者垫付抢救费用。

被保险人与保险公司对赔偿有争议的，可以依法申请仲裁或者向人民法院提起诉讼。

7. 机动车交通事故责任强制保险合同的解除

机动车交通事故责任强制保险合同为法定的强制性合同，除法律规定的特殊情形外，不允许当事人对其予以解除。依照《机动车交通事故责任强制保险条例》的规定，投保人与被保险人仅在特定情况下可以解除机动车交通事故责任强制保险合同。

对于保险人来说，其可以在投保人未对有关保险车辆与保险车辆的所有人或者管理人的重要事项履行如实告知义务情况下解除保险合同。投保人对重要事项未履行如实告知义务，保险公司解除合同前，应当书面通知投保人，投保人应当自收到通知之日起5日内履行如实告知义务；投保人在上述期限内履行如实告知义务的，保险公司不得解除合同。保险公司解除机动车交通事故责任强制保险合同的，应当收回保险单和保险标志，并书面通知机动车管理部门。

对于投保人来说，其在以下情况下可以解除保险合同。

（1）被保险机动车被依法注销登记的；

（2）被保险机动车办理停驶的；

（3）被保险机动车经公安机关证实丢失的。

机动车交通事故责任强制保险合同解除前，保险公司应当按照合同承担保险责任。

合同解除时，保险公司可以收取自保险责任开始之日起至合同解除之日止的保险费，剩余部分的保险费退还投保人。

二、企业财产保险合同

（一）企业财产保险合同的概念

企业财产保险合同，是指以企业、事业单位或其他组织的各类财产以及相关利益作为保险标的的物质损失保险合同。企业财产保险合同的投保人与被保险人可以为国有企业、集体所有制企业、三资企业、私营企业以及学校、机关、事业单位等。企业财产保险是与家庭财产保险相对的一种保险。

（二）企业财产保险合同的保险标的

企业财产保险合同的保险标的主要是指被保险人所有或与他人共有而由被保险人负责的财产、由被保险人经营管理或代替他人保管的财产、或其他法律上承认的与被保险人有经济利害关系的财产。按照保险标的是否可以承保以及承保方式，可以将企业财产保险合同的保险标的分为可保财产、特约保险财产和不保财产。

1. 可保财产

可保财产，是指依据保险合同的条款投保人可以向保险人投保、保险人可以作为企业财产保险标的在企业财产保险项下承保的财产。

一般认为，在企业财产保险合同中，可保财产包括房屋、建筑物、机器设备、工具及生产用品、原材料、半成品、在产品、产成品、包装物、低值易耗品、仓储物等。当事人在确定可保财产时，通常采用列明项目方式，在排除不可保标的的情况下，具体列明各个可保标的的名称、数量、金额等信息。

2. 特约保险财产

特约保险财产，是指需要投保人与保险人特别约定，并在保险单中载明名称和金额方可承保的财产。特保保险财产可以分为不提高保险费率的保险财产与须提高保险费率的保险财产。其中，不提高保险费率的保险财产主要是指市场价格变化较大或者无固定价格，或者风险较为特殊的财产，如金银、珠宝、钻石、收藏品、纪念品、稀有金属等；须提高保险费率的保险财产主要是指特殊行业才具有的，或是具有很强的流动性的，或是受某些风险影响较大的财产，如矿井内的设备和物资、便携式通信设备、便携式计算机设备、尚未交付使用或者验收的工程以及铁路机车等，对于须提高保险费率的保险财产，通常在保险合同中加贴特约条款并增收保险费。

3. 不保财产

不保财产，是指在企业财产保险合同中，保险人不予承保的财产。

不保财产往往具有以下特征之一。

(1) 属于社会公共资源的财产，其本身的数量或者价值不易估算，如土地、水资源等；

(2) 风险和损失难以掌握的财产，如货币，这种财产往往适用更为专业精细的保险加以承保，而不选择企业财产保险；

(3) 财产具有的价值主要在于其所载有的信息，但这些信息的价值难以确定；

(4) 与法律法规相抵触的财产，如毒品等。

(三) 企业财产保险合同的保险责任

企业财产保险合同的保险责任，即是由保险人按照企业财产保险合同的约定向被保险人支付保险金的责任，由投保人与保险人在保险合同中约定。

依照企业财产保险合同的保险责任的种类与数量的不同，可以将企业财产保险合同分为企业财产基本险合同、企业财产综合险合同与企业财产一切险合同，保险合同承保的保险责任的数量与种类依次升高。

在企业财产基本险合同中，当事人采用列明方式约定保险责任，列明的风险包括火灾、爆炸、雷击等情况。

在企业财产综合险合同中，当事人也采取了列明方式约定保险责任，但相较于企业财产基本险合同，企业财产综合险合同中增加了列明的自然灾害和自有设备损失责任。

在企业财产一切险合同中，当事人在保险合同中约定的保险责任包括自然灾害或意外事故造成保险标的的损失，且除了责任免除中列明的除外责任外，其他自然灾害和意外事故均属于保险责任范围内。

三、家庭财产保险合同

(一) 家庭财产保险合同的概念

家庭财产保险合同，是指以城乡居民或家庭的有形物质财产作为保险标的的保险合同。被保险人所有、使用或保管的、坐落于保险单列明的地址的房屋内的财产，可以约定范围向保险人投保家庭财产保险合同。家庭财产保险合同是与企业财产保险合同相对的保险合同，体现于被保障财产的归属不同。

（二）家庭财产保险合同的保险标的

家庭财产保险合同的保险标的，是城乡居民或者家庭所有、使用或保管的、坐落于保险单载明地址的房屋内的有形物质财产。按照保险标的是否可以承保以及承保方式，可以将家庭财产保险合同的保险标的分为可保财产、特约保险财产和不保财产。

1. 可保财产

城乡居民或者家庭所有的下列财产为可保标的。

（1）房屋及其室内附属设备，如固定装置的水暖、气暖、卫生、供水、管道煤气及供电设备、厨房配套的设备等；

（2）室内装潢；

（3）室内财产，如家用电器和文体娱乐用品、衣物和床上用品、家具及其他生活用具。

2. 特约保险财产

特约保险财产是指须经保险合同当事人特别约定并在合同中载明保险价值方的成为家庭财产保险合同保险标的的财产，主要包括以下三种。

（1）属于被保险人代人保管或者与他人共有而由被保险人负责的前述可保财产；

（2）存放于院内、室内的非机动农机具、农用工具及存放于室内的粮食及农副产品；

（3）经保险人同意承保的其他财产。

3. 不保财产

一般来说，下列财产不属于家庭财产保险合同的保险标的。

（1）金银、珠宝、钻石及制品、玉器、首饰、古币、古玩、艺术品、稀有金属等珍贵财产；

（2）货币、票证、有价证券、文件、书籍、电脑软件及资料等难以鉴定价值的财产；

（3）日用消耗品、各种交通工具、养殖及种植物；

(4) 用于从事工商业生产、经营活动的财产和出租用作工商业的房屋;

(5) 无线通信工具、打火机、手表,各种磁带、磁盘、影音激光盘;

(6) 用芦席、稻草、麦秆、芦苇、帆布等为外墙、屋顶的简陋屋棚及拆房、牲畜棚,与保险房屋不成一体的厕所、围墙、无人居住的房屋以及存放在里面的财产;

(7) 政府有关部门征用、占用的房屋,违章建筑、危险建筑、非法占用的财产。

(三) 家庭财产保险合同的保险责任

一般来说,家庭财产保险合同的保险责任包括以下几种。

其一,火灾、爆炸;

其二,雷击、龙卷风、台风、暴风、暴雨、洪水、雪灾、雹灾等自然灾害;

其三,飞行物体及其他空中运行物体坠落,外来不属于被保险人所有或者使用的建筑物和其他固定物体的倒塌。

对于保险事故属于保险合同中约定的除外责任引起的,保险人不承担保险责任。

四、工程保险合同

(一) 工程保险合同的概念

工程保险合同,是指保险人对工程项目在建设过程中可能出现的自然灾害和意外事故所造成的物质损失和依法应当对第三者的人身伤亡和财产损失承担的经济赔偿责任给付保险金的财产保险合同。以承保风险范围为标准,工程保险合同可以分为一切险合同和列明责任保险合同。

工程保险合同的投保人一般是工程的承包商、业主以及工程的其他利益主体。实践中,被保险人主要包括以下主体。

一是工程所有人;

二是工程承包人;

三是技术顾问;

四是其他关系人。

(二) 工程保险合同的保险标的

依照性质的不同,工程保险合同的保险标的主要分为物质损失和第三者责任两部分。

1. 物质损失部分的保险标的

依照保险标的是否可以承保以及承保方式，物质损失部分的保险标的包括可保财产、特约保险财产和不保财产。

可保财产，是指在保险合同明细表中分项列明的在列明工地范围内的与实施工程合同相关的财产或者费用，具体包括：

（1）永久工程性工程，是指在工程合同以及相关的修改文件中详细说明的工程，包括但不限于所有的永久性建筑结构以及所有在完工后继续发挥一定作用的工程，以及任何在工程合同中以合同方式要求完成并维护的其他工程；

（2）临时工程性工程，是指任何基于工程建设需要而建造的临时性工程，包括但不限于模板、建筑用模具、材料、脚手架、围堰、钢板桩、临时便道和其他类似项目；

（3）工程建设的各种材料、建造费、安装费、运保费等。

特约保险财产，是指必须经过投保人与保险人事先特别约定并在保险单上载明其详细情况方得承包的财产，具体包括：

（1）施工用的机具、设备、机械装置。

（2）在保险工程开始以前已经存在或形成于工地范围内或者其周围的属于被保险人的财产。

（3）在保险合同的保险期间终止前，已经投入商业运行或者业主已经接受、实际占有的财产或者其中的任何一部分。或已经签发工程竣工证书或工程承包人已经正式提出申请验收并经业主代表验收合格的财产或者其中任何一部分的财产。

（4）清除残骸的费用。

不保财产，是指在工程保险合同中，保险人不予承保的财产，主要包括：

（1）文件、账册、图表、技术资料、计算机软件、计算机数据资料等无法鉴定价值的财产；

（2）便携式通信设备、便携式计算机设备、便携式照相摄像器材以及其他便携式装置、设备；

（3）土地、海床、矿藏、水资源、动物、植物、农作物；

(4) 领有公共运输行驶执照的，或者已由其他保险予以保障的车辆、船舶、航空器；

(5) 违章建筑、危险建筑、非法占用的财产。

2. 第三者责任部分的保险标的

第三者责任部分的保险标的，是指在保险期间内，因发生与保险合同所承包工程直接相关的意外事故引起工地内及邻近地区的第三者遭受人身损失或者财产损失，依法应当由保险人承担的经济赔偿责任。在工程保险合同中，第三者责任保险具有附加性，必须依附于物质损失工程保险合同承保。

(三) 工程保险合同的保险责任

工程保险合同的保险责任，可以根据保险标的的不同分为物质损失部分的保险责任、第三者责任部分的保险责任。其中，物质损失部分的保险责任主要是指在保险期间内，保险合同分项列明的保险财产在列明的工地范围内，因保险合同责任免除以外的任何自然灾害或者意外事故造成的物质损坏或灭失；第三者责任部分的保险责任主要是指在保险期间内，因发生与保险合同所承保工程直接相关的意外事故引起工地内及邻近区域的第三者人身伤亡、疾病或者财产损失，依法应当由保险人承担的经济赔偿责任，以及在保险事故发生后，被保险人因保险事故而被提起仲裁或者诉讼并因此支付的仲裁或诉讼费用以及其他必要的、合理的费用。

(四) 工程保险合同的保险金额

工程保险合同的保险金额，是指保险人依照工程保险合同所承担保险责任的最大限额。

工程保险合同的保险金额，主要包括物质损失部分的保险金额、第三者责任部分的保险金额以及扩展类附加险的保险金额。

物质损失部分的保险金额主要包括保险工程完成时的总价值、施工机具与设备按照重置价确定的保险金额、清理残骸产生的费用、对地震海啸、洪水、风暴、暴雨等特种风险造成损失所单独设定的赔偿限额以及保险合同双方当事人约定的对于其他保险财产的保险金额。

第三者责任部分的保险金额一般是指对第三者人身伤亡和财产损失设定的赔偿的最高限额。

扩展类附加险的保险金额为投保人与保险人就保险合同中约定的附加险设定的赔偿的最高限额。

【风险提示】

1. 在车辆损失保险合同中，投保人应当仔细查看保险合同中约定的保险责任，并投保自身需要的附加险，以免在遭受损失时不能通过保险合同得到充分的救济。

此外，机动车交通事故强制责任保险的保险金额并不高，在发生交通事故时往往不能够完全救济被保险人对第三人承担的损害赔偿责任。因此，被保险人应当在投保机动车交通事故责任强制保险之外再投保相关商业保险，以免遭受的损失不能得到充分的救济。

2. 在企业财产保险合同中，通常将保险标的分为可保财产、特约保险财产以及不保财产，投保人在订立保险合同时务必查看可保财产与不保财产的范围并根据自身需要向保险人提出投保特约保险财产。

此外，由于企业财产的价值高、实用性强，企业财产的毁损往往导致其生产经营停顿、使企业遭受严重损失。为此，企业应当尽量选择投保保险金额较高的保险。

3. 在中国保险实务中，家庭财产保险合同往往不承保金银、珠宝、钻石及制品，玉器、首饰、古币、古玩、字画、邮票、艺术品、稀有金属、手表等珍贵财物以及货币、票证、有价证券、文件、书籍、账册、图表、技术资料、电脑软件及电子存储设备和资料等，而这些财产往往价值珍贵并由被保险人放置于住所。为避免相关损失，投保人应和保险人约定将上述财产纳入可保财产中或者另行投保财产保险。

4. 工程保险合同的保险责任通常不包括工程所有人、承包人或其他关系方或他们所雇用的在工地现场从事与工程有关工作的职员、工人以及他们的家庭成员的人身伤亡或疾病以及其所有的或由其照管、控制的财产发生的损失，而上述人员又是频繁出入于工程场所、与工程有较多接触、人身安全与财产安全受工程影响大的人。投保人在订立保险合同时应注意上述事项是否属于保险责任；对于不属于保险责任的，投保人应当与保险人协商加入或者另行投保。

【法条指引】

机动车交通事故责任强制保险条例（节录）

第二条 在中华人民共和国境内道路上行驶的机动车的所有人或者管

理人，应当依照《中华人民共和国道路交通安全法》的规定投保机动车交通事故责任强制保险。

机动车交通事故责任强制保险的投保、赔偿和监督管理，适用本条例。

第三条 本条例所称机动车交通事故责任强制保险，是指由保险公司对被保险机动车发生道路交通事故造成本车人员、被保险人以外的受害人的人身伤亡、财产损失，在责任限额内予以赔偿的强制性责任保险。

第四条第二款 公安机关交通管理部门、农业（农业机械）主管部门（以下统称机动车管理部门）应当依法对机动车参加机动车交通事故责任强制保险的情况实施监督检查。对未参加机动车交通事故责任强制保险的机动车，机动车管理部门不得予以登记，机动车安全技术检验机构不得予以检验。

第五节 责任保险合同

【规则要点】

责任保险的保险标的是被保险人对第三人产生的赔偿责任，订立责任保险可以防止被保险人因为对第三人的赔偿责任而遭受财产上的损失。在保险实务中，通常以具体的保险标的为标准，将责任保险合同分为公众责任保险合同、雇主责任保险合同、环境污染保险合同、职业责任保险合同以及产品质量责任保险合同等。

【理解与适用】

一、责任保险合同的特殊性

相较于国内其他保险，责任保险的特殊性体现在以下几个方面。

（一）以被保险人的民事赔偿责任为保险标的

不同于一般的保险合同，责任保险合同以被保险人的民事责任为保险标的，所承保的是无形财产。责任保险合同的保险标的主要为侵权民事责任与违约民事责任。

（二）具有利益第三人的性质

责任保险合同的保险标的是被保险人对第三人所负有的民事赔偿责任，保险人按照保险合同的约定给付保险金的行为直接有益于被保险人，避免其因承担赔偿责任而遭受财产损失；同时，给付保险金的行为亦有益于受害人，使其不用担心致害人的道德水平、经济状况而获得赔偿。

为使得对被保险人享有请求赔偿权利的第三人能够及时行使权利，保险法及有关司法解释规定，责任保险的被保险人给第三人造成损害，被保险人对第三人应负的赔偿责任确定的，根据被保险人的请求，保险人应当直接向该第三人赔偿保险金。上述“应负的赔偿责任确定”是指具有以下情况之一：（1）被保险人对第三者所负的赔偿责任经人民法院生效裁判、仲裁裁决确认；（2）被保险人对第三者所负的赔偿责任经被保险人与第三者协商一致；（3）被保险人对第三者应负的赔偿责任能够确定的其他情形。

被保险人怠于依照上述规则请求保险人直接向第三人赔付的，第三人有权就其应获赔偿部分直接向保险人请求赔偿保险金被保险人对第三人应负的赔偿责任确定后，该“怠于请求”指被保险人不履行赔偿责任，且第三人以保险人为被告或者以保险人与被保险人为共同被告提起诉讼时，被保险人仍尚未向保险人提出直接向第三人赔偿保险金的请求的情形。为保障第三人的该权利，在被保险人向第三人承担赔偿责任前，保险人不得向被保险人赔付保险金，否则其仍应根据第三人的请求向第三人赔付保险金，但可以在赔付后要求被保险人返还先前受领的相应的保险金。

在被保险人需要与他人承担连带责任的情形，保险人应在保险金额范围内向受害人赔付保险金，保险人承担保险责任后，有权就超出被保险人责任份额的部分向其他连带责任人追偿。

（三）保险责任包括被保险人因抗辩第三人请求所产生的诉讼与仲裁费用

责任保险的被保险人对第三者负有民事赔偿责任，被保险人因给第三者造成的损害而提起诉讼或者仲裁的，被保险人支付的诉讼或者仲裁费用以及其他必要的、合理的费用，除合同另有约定外，由保险人承担。

(四) 责任保险合同有多种责任限额

由于责任保险合同的保险标的是被保险人应付的赔偿责任，是一种无形的消极财产，当事人无法确定该赔偿责任的保险价值。为了避免责任保险合同可能带来的巨大的风险，责任保险中通常约定有责任限额。根据责任限额的确定方式的不同，可将其进一步分为累计责任限额、每人赔偿限额等。

二、责任保险合同的种类

在保险实务中，通常以具体的保险标的为标准，将责任保险合同分为公众责任保险合同、雇主责任保险合同、环境污染责任保险合同、职业责任保险合同以及产品质量责任保险合同等。

公众责任保险合同，是指保险人对被保险人在列明的地点范围内从事生产、经营等活动时由于意外事故造成第三者人身伤亡或者财产损失而依法承担的民事赔偿责任给付保险金的责任保险合同。

雇主责任保险合同，是指保险人对被保险人因所聘用员工在从事业务工作中遭受人身伤害而依法承担的民事赔偿责任给付保险金的责任保险合同。

环境污染责任保险合同，是指保险人对被保险人从事生产经营活动时由于突发意外事故造成第三者人身伤亡或直接财产损失而依法承担的民事赔偿责任给付保险金的责任保险合同，其实际是公众责任保险合同的一种特殊形态。

职业责任保险合同，是指保险人对被保险人因从事职业工作造成第三者损害而依法承担的民事赔偿责任给付保险金的责任保险合同。

产品质量责任保险合同，是指保险人对被保险人因产品缺陷造成消费者、使用者或者其他第三者人身或者财产损害而依法承担的民事赔偿责任给付保险金的责任保险合同。

三、公众责任保险合同

(一) 公众责任保险合同的保险责任

一般来说，被保险人保险单明细表中列明的地点范围内依法从事生产、经营活动或其他活动时由于意外事故造成下列损失或费用，依法应由被保险人承担的民事赔偿责任，保险人负责赔偿。

1. 第三者人身伤亡或财产损失；

2. 事先经保险人书面同意的诉讼费用；

3. 保险事故发生后，被保险人为减少对第三人的赔偿责任所支付的必要的合理的费用。

被保险人违法从事生产经营活动而对第三人产生民事赔偿责任的，保险人不承担保险责任。此外，被保险人从事的业务以及保险事故的发生地点应当与保险合同中约定的一致，否则保险人不承担保险责任。

（二）公众责任保险合同的责任限额

公众责任保险合同的责任限额一般通过累计赔偿限额、每次赔偿限额以及每人人身伤亡赔偿限额等进行确定。

累计赔偿限额，是指保险人依照保险合同，对保险期间内的保险事故向被保险人支付保险金的最高总额。

每次赔偿限额，是指保险人依照保险合同，对单次保险事故向被保险人支付保险金的最高限额。

每人人身伤亡赔偿限额，是指保险人依照保险合同，对单次保险事故中被保险人对每个受害人的民事赔偿责任给付保险金的最高限额。

四、雇主责任保险合同

雇主责任保险合同的保险责任是雇主根据劳动法、劳动合同法等法律法规或者劳动合同对雇员应付的赔偿责任，该赔偿责任仅针对雇员的人身损害，主要包括雇员伤残死亡经济补偿、医疗费用等，而不包括其物质财产损失。

（一）雇主责任保险合同的保险责任

一般来说，被保险人聘用的员工，于保险期间内，在受雇过程中（包括上下班途中），从事于保险单所载明的被保险人的业务工作而遭受意外或患有与业务有关的国家规定的职业性疾病，所致伤残或死亡，被保险人根据劳动合同和中国法律、法规，须承担的医疗费及经济赔偿责任，保险人依据保险单的规定，在约定的赔偿限额内予以赔付。

此外，保险责任还包括法律规定与保险合同约定的应当由保险人承担的相关费用，包括被保险人抗辩第三人的诉讼、仲裁费用等。

（二）通用附加责任

投保人可以在投保雇主责任保险的基础上选择投保相应的附加险，主要有以下几种。

1. 紧急运输费用

紧急运输费用，即扩展承保被保险人的雇员发生保险事故时所支付的必需的、合理的紧急运输费用，需要通过每人责任限额、累计责任限额确定保险人承担的赔偿责任上限。如租车、120 急救、空运等费用。

2. 就餐时间

就餐时间，即如果被保险人的任何雇员在被保险场所就餐时死亡，此种伤害或者死亡就应当被视为在受雇过程中发生的。实践中，就餐时间的地域范围由当事人约定，可以扩大至被保险人所在县、市甚至整个中华人民共和国境内。

3. 临时海外工作

临时海外工作，即扩展承保被保险人所聘用的员工临时海外工作工程中遭受意外伤害或疾病时依法应当由被保险人承担的经济赔偿责任。在扩展该种保险时，应当综合考虑海外工作地域的医疗水平，并设立相应的每人赔偿限额与累计赔偿限额。

4. 24 小时

全天候保险，即扩展承保被保险人的员工在受雇工作前后 24 小时内发生意外伤亡事故时被保险人依法应当承担的经济赔偿责任，一般适用于为员工配备宿舍或者休息场所的被保险人。

5. 运动或娱乐场所

运动或娱乐场所，即扩展承保被保险员工参加被保险人组织的福利性活动及体育运动期间发生意外事故导致人身伤亡时依法应由被保险人承担的经济赔偿责任。

五、环境污染责任保险合同

环境污染责任保险合同其实际是公众责任保险合同的一种特殊形态。由于环境污染责任保险的保险风险较大，且企业环保意识淡薄，现阶段中国的环境污染责任保险主要体现为环境污染责任强制保险。

（一）环境污染强制责任保险的投保人

为解决中国现代化建设过程中出现的环境污染问题，分担企业环境污染风险，环保部与保监会于2013年联合印发了《关于开展环境污染强制责任保险试点工作的指导意见》，指导各地在涉重金属企业、在石油化工等高环境风险行业推进环境污染强制责任保险试点。

该指导意见明确环境污染强制责任保险的试点企业范围包括如下。

1. 涉重金属企业

按照国务院有关规定，重点防控的重金属污染物是：铅、汞、镉、铬和类金属砷等，兼顾镍、铜、锌、银、钒、锰、钴、铊、锑等其他重金属污染物。

重金属污染防控的重点行业是：

（1）重有色金属矿（含伴生矿）采选业：铜矿采选、铅锌矿采选、镍钴矿采选、锡矿采选、锑矿采选和汞矿采选业等。

（2）重有色金属冶炼业：铜冶炼、铅锌冶炼、镍钴冶炼、锡冶炼、锑冶炼和汞冶炼等。

（3）铅蓄电池制造业。

（4）皮革及其制品业：皮革鞣制加工等。

（5）化学原料及化学制品制造业：基础化学原料制造和涂料、油墨、颜料及类似产品制造等。

上述行业内涉及重金属污染物产生和排放的企业，应当按照国务院有关规定，投保环境污染责任保险。

2. 按地方有关规定已被纳入投保范围的企业

地方性法规、地方人民政府制定的规章或者规范性文件规定应当投保环境污染责任保险的企业，应当按照地方有关规定，投保环境污染责任保险。

3. 其他高环境风险企业

鼓励下列高环境风险企业投保环境污染责任保险。

（1）石油天然气开采、石化、化工等行业企业。

（2）生产、储存、使用、经营和运输危险化学品的企业。

（3）产生、收集、贮存、运输、利用和处置危险废物的企业，以及存在较大环境风险的二噁英排放企业。

（4）环保部门确定的其他高环境风险企业。

（二）环境污染责任强制保险的保险责任

依据指导意见的规定，保险条款载明的保险责任赔偿范围应当包括以下几种。

1. 第三方因污染损害遭受的人身伤亡或者财产损失；

2. 投保企业（又称被保险人）为了救治第三方的生命，避免或者减少第三方财产损失所发生的必要而且合理的施救费用；

3. 投保企业根据环保法律法规的规定，为控制污染物扩散，或者清理污染物而支出的必要而且合理的清污费用；

4. 由投保企业和保险公司约定的其他赔偿责任。

保险人依照保险合同的约定向被保险人给付保险金，保险金的数额不得超过约定的责任限额。责任限额应当根据投保企业环境风险水平、发生污染事故可能造成的损害范围等因素，确定足以赔付环境污染损失的责任限额。

（三）环境污染责任强制保险的保险费用

环境污染责任强制保险的保险费用根据保险费率确定。

保险公司应当综合考虑投保企业的环境风险、历史发生的污染事故及其造成的损失等方面的总体情况，兼顾投保企业的经济承受能力，科学合理地设定环境污染责任保险的基准费率。

保险公司根据企业环境风险评估结果，综合考虑投保企业的环境守法状况（包括环境影响评价文件审批、建设项目竣工环保验收、排污许可证核发、环保设施运行、清洁生产审核、事故应急管理等环境法律制度执行情况），结合投保企业的行业特点、工艺、规模、所处区域环境敏感性等方面情况，在基准费率的基础上，合理确定适用于投保企业的具体费率。

（四）环境污染责任强制保险的环境风险评估和投保程序

依照指导意见的规定，企业投保或者续签保险合同前，保险公司可以委托或者自行对投保企业开展环境风险评估，以确定投保企业的环境风险。

投保企业环境风险评估可以按照下列规定开展。

1. 对已有环境风险评估技术指南的氯碱、硫酸等行业，按照技术指南开展评估；

2. 对尚未颁布环境风险评估技术指南的行业，可以参照氯碱、硫酸等行业环境风险评估技术指南规定的基本评估方法，综合考虑生产因素、厂址环境敏感性、环境风险防控、事故应急管理等指标开展评估。

指导意见规定的涉重金属企业、按地方有关规定已被纳入投保范围的企业，以及其他高环境风险企业，经过环境风险评估后，应当及时与保险公司签订保险合同，并将投保信息报告当地环保部门和保险监管部门。

保险监管部门应当引导和监督保险公司做好承保相关服务。

（五）环境污染强制责任保险的风险防范

保险公司应当按照保险合同的规定，做好对投保企业环境风险管理的指导和服务工作，定期对投保企业环境风险管理的总体状况和重要环节开展梳理和检查，查找环境风险和事故隐患，及时向投保企业提出消除不安全因素或者事故隐患的整改意见，并可视情况通报当地环保部门。

投保企业是环境风险防范的第一责任人，应当加强对重大环境风险环节的管理，对存在的环境风险隐患积极整改，并做好突发环境污染事故的应急预案、定期演练和相关准备。

（六）环境污染强制责任保险的索赔与理赔

依照指导意见的规定，环境污染强制责任保险应当按照下列程序进行索赔及理赔。

1. 事故报告

发生环境污染事故后，投保企业应当及时采取必要、合理的措施，有效防止或减少损失，并按照法律法规要求，向有关政府部门报告；应当及时通知保险公司，书面说明事故发生的原因、经过和损失情况；应当保护事故现场，保存事故证据资料，协助保险公司开展事故勘查和定损。

保险公司在事故调查、理赔中，可以参考当地环保部门掌握并依法可以公开的事故调查结论。

2. 出险理赔

投保企业发生环境污染事故后，保险公司应当及时组织事故勘查、定损和责任认定，并按照保险合同的约定，规范、高效、优质地提供出险理赔服务，及时履行保险赔偿责任。

对损害责任认定较为清晰的第三方人身伤亡或者财产损失，以及投保企业为了救治第三方的生命所发生的必要而且合理的施救等费用，保险公司应当积极预付赔款，加快理赔进度。

保险监管部门应当引导保险公司简化理赔手续，优化理赔流程，提升服务能力和水平。

3. 损害计算

环境污染事故造成的对第三方的人身损害、财产损失，投保企业为防止污染扩大、降低事故损失而采取相应措施所发生的应急处置费用，可以按照环境保护部印发的《环境损害鉴定评估推荐方法（第Ⅱ版）》规定的方法进行鉴定评估和核算。

在开展环境污染损害鉴定评估试点的地区，保险公司可以委托环境污染损害鉴定评估专业机构对污染事故的损害情况进行测算。

4. 争议案件的处理

投保企业与保险公司发生争议时，按照双方合同约定处理。保险经纪机构可以代表投保企业就有争议的案件与保险公司进行协商谈判，最大限度地保障投保企业的合法权益，减少投保企业的损失和索赔成本。

【风险提示】

1. 公众责任险是分散主体在生产、经营过程中以及在进行其他活动时产生的责任风险的很好途径。为此，建议在中国的外资企业、合资企业、以及外商个人等积极投保公众责任险，以分散风险。

此外，由于公众责任保险一般不承保被保险人或其代表、雇佣人员人身伤亡、财产损失的赔偿责任，而上述人员因生产、经营或其他活动承担的风险往往较大。为分散风险，除投保公众责任保险外，相关企业、个人等可以选择投保雇主责任保险等加以配合。

2. 中国规定有社会保险制度，用人单位必须为劳动者投保。但社会保险的保险责任较为基础，且只适用于用人单位，可能不能满足雇主基于实际的用工情况分散雇主责任的要求。因此，建议用人单位选择投保雇主责任保险以及相应的附加险以分散实际风险；此外，雇主责任保险及其附加险亦可以作为雇员福利由雇主投保。

3. 近年来，中国越来越注重环境保护、强调绿色发展，企业的排污成本、环境治理成本逐渐升高。为此，在中国生产、经营的企业除要避免污染环境外，亦需要投保环境污染责任保险以分担巨大风险。中国目前正在发展的环境污染强制责任保险仅将部分重污染、高风险企业纳入其中，对于其他企业，亦可以根据自身需要投保相关的环境污染责任保险，以免在造成环境污染时难以承担巨大损失。

【法条指引】

中华人民共和国保险法（节录）

第六十五条 保险人对责任保险的被保险人给第三者造成的损害，可以依照法律的规定或者合同的约定，直接向该第三者赔偿保险金。

责任保险的被保险人给第三者造成损害，被保险人对第三者应负的赔偿责任确定的，根据被保险人的请求，保险人应当直接向该第三者赔偿保险金。被保险人怠于请求的，第三者有权就其应获赔偿部分直接向保险人请求赔偿保险金。

责任保险的被保险人给第三者造成损害，被保险人未向该第三者赔偿的，保险人不得向被保险人赔偿保险金。

责任保险是指以被保险人对第三者依法应负的赔偿责任为保险标的的保险。

最高人民法院关于适用《中华人民共和国保险法》若干问题的解释（四）（节录）

第十七条 责任保险的被保险人对第三者所负的赔偿责任已经生效判决确认并已进入执行程序，但未获得清偿或者未获得全部清偿，第三者依法请求保险人赔偿保险金，保险人以前述生效判决已进入执行程序为由抗辩的，人民法院不予支持。

第十八条 商业责任险的被保险人向保险人请求赔偿保险金的诉讼时效期间，自被保险人对第三者应负的赔偿责任确定之日起计算。

第十九条 责任保险的被保险人与第三者就被保险人的赔偿责任达成和解协议且经保险人认可，被保险人主张保险人在保险合同范围内依据和解协议承担保险责任的，人民法院应予支持。

被保险人与第三者就被保险人的赔偿责任达成和解协议，未经保险人认可，保险人主张对保险责任范围以及赔偿数额重新予以核定的，人民法院应予支持。

第六节 信用保险合同

【规则要点】

信用保险合同，是指以债务人对被保险人（债权人）履行义务的信用行为为保险标的，而由债权人投保的财产保险合同。根据适用对象的不同，信用保险合同又可以再分为国内贸易信用保险合同与出口信用保险合同。

【理解与适用】

一、信用保险合同的特殊性

在信用保险中，保险合同的投保人与被保险人通常为同一人，保险标的为债务人的信用行为，在债务人遵守信用履行义务时，保险人不承担保险责任；在债务人违背信用不履行义务时，保险人按照保险合同的约定向被保险人支付保险金。信用保险最初出现于出口贸易中，用于转移国外买家在赊销交易中不履行义务的风险。

相较于其他财产保险合同，信用保险合同的特殊性体现在以下几个方面。

（一）信用保险合同的保险标的是信用行为

投保人通过签订信用保险合同转移其所负担的债务人不按照约定履行义务的信用风险，该信用风险可能因为债务人破产、债务人预期违约等可归责于债务人的原因产生。由于信用风险是否实现很大程度上依赖于债务人的道德，故信用风险具有很大的不确定性。此外，信用风险还受到国际关系、法律法规等情况的影响。

（二）坚持风险共担原则

不同于一般的保险，在保险合同签订后相关的风险全部由保险人承担，在信用保险合同中，一般均确立有风险共担原则，即保险人与被保险人对于保险人依照保险合同承保的信用风险按照一定的比例分担，这主要是基于以下两个方面的考虑：其一，信用保险合同中保险人承担的保险风险为债务人的信用风险，债务人是否按照约定履行义务很大程度上取决于其自身的经济状况与主观意愿，此外还依赖于债权人的积极主张和权利行使。在信用保险合同中，如果由保险人承担全部的信用风险，很可能使得被保险人放弃复杂、困难的债权主张行为，而直接请求保险人承担保险责任，不利于交易的进行与交易环境的稳定，违背信用保险合同的初衷，故坚持风险共担原则，使得债权人慎重地进行每笔交易并积极行使债权，降低信用风险。其二，在信用保险合同中，相较于保险人，被保险人对于债务人的还款能力、还款意愿、还款习惯以及品行道德等因素有更加深刻、动态、完整的理解，坚持风险共担原则将使得投保人在进行贸易活动时审慎选择交易相对人，降低信用风险。实务中，风险共担原则以损失承担比例的形式体现，与被保险人的盈利能力、信用风险质量密切相关，如果被保险人盈利能力高、信用风险差，则其损失承担比例就高；反之，如果被保险人盈利能力低、信用风险高，则其损失承担比例就低。

（三）能够增加被保险债权的信用等级

在赊销交易条件下，卖方对买方的债权体现为应收账款，这表现为一种无法即时实现的期待利益，加之这种交易的特性，买方是否履行债务具有极大的不确定性，属于风险程度较高的资产项目。因此，卖方对于该笔债权往往很难进行质押或者转让处理，严重影响卖方的融资活动与资金周转。而信用保险的出现则解决了上述问题，债权人通过订立信用保险合同，使得债权的权利人在债务人不按照约定履行债务时得以要求保险人承担保险责任，避免损失，由此提高了该笔债权的信用等级，并提升了其金融价值。近年来，信用保险在企业融资方面发挥着越来越明显的作用，尤其在供应链融资、中小企业融资等方面。

（四）需要保险人批复买方信用限额

买方信用限额，是指保险人对被保险人向某一买方进行交易所承担赔偿责任的最高限额。由于信用保险是否实现主要取决于买方的信用水平、经济状况，故实务中保险人往往对买方进行资信调查，详细了解买方的基本情况、财务情况、经营情况、信用记录以及其他涉及影响信用质量的情况后，向被保险人批复该买方的信用限额。被保险人应当将保险合同适用范围内的所有交易，向保险人提交信用限额申请单，为每一个买方申请其信用限额，买方信用限额在保险期间内可以循环使用。若保险人对于某一买方批复的信用限额为零，则保险人对被保险人与该买方进行的信用交易不承担保险责任，被保险人也无须申报相关信用交易，保险人也不会收取相应的保险费用。应当注意的是，保险人只对批复了买方信用限额之后的交易承担保险责任。

（五）设置索赔等待期

索赔等待期，是指信用保险合同中约定的，债务人不履行债务到被保险人可以请求保险索赔的期限，在该期限内，尽管保险事故已经发生，但被保险人不得要求保险人给付保险金。设置索赔等待期的目的是在于通过一定期限的设计，使得债务人在债权人的要求下在合同约定的履行期限后尽快履行债务，消除实际的保险事故。债务人在索赔等待期内履行债务的，债权人可以继续与债务人进行交易活动，并且免去了债权人要求保险人承担保险责任而涉及的一系列索赔、理赔过程，对各方当事人均有益。在债务人因为破产而不能履行债务的情况下，不存在索赔等待期，被保险人可即时要求保险人承担保险责任。

二、国内贸易信用保险合同

（一）国内贸易信用保险合同的概念

国内贸易信用保险合同，是指投保人与保险人签订的，以中华人民共和国国内的债务人到期不履行约定义务为给付保险金条件的保险合同。国内贸易信用保险合同的保险风险主要是被保险人基于货物或者服务贸易等而形成的应收账款的信用风险，一般适用于赊销交易、分期付款交易。按照保险期间的长短，国内贸易信用保险合同可以分为国内短期贸易信用保险合同与国内中长期保险合同，国内短期贸易信用保险合同的保险期间一般在 180 天内，最长不超过 1 年。

（二）国内贸易信用保险合同的适用范围

凡在中华人民共和国境内（港、澳、台地区除外）注册登记的有限责任公司、股份有限公司等具有独立法人资格的企业，均可作为国内贸易保险合同的投保人与被保险人，但不能是自然人、政府机关、事业单位。

一般而言，投保人申请国内贸易信用保险合同的，被承保的被保险人签订的国内贸易合同应当符合以下条件。

其一，买方是中华人民共和国境内（除港、澳、台地区）注册的法人企业；

其二，合同以书面形式订立，真实、合法、有效，并且明确约定了交易标的和付款方式等主要合同内容。如果买卖双方签订的是违反法律强制性规定的合同或者双方虚构、伪造贸易合同的，保险人不承担保险责任。

（三）国内贸易信用保险合同的责任限额

国内贸易信用保险合同的责任限额体现在累计赔偿限额和买方信用限额上。

累计赔偿限额，是指保险人在单一保险合同项下对被保险人就所有买家负担的信用风险承担的赔偿总额。保险人依照该保险合同承担的赔偿总额不超过累计赔偿限额。累计赔偿限额以保险单载明的为准，一般采用保险费的一定倍数进行确定，通常为保险费的40倍或60倍，也可以采用固定的数额来确定。

买方信用数额，是指保险人对被保险人向某一买方承担的信用风险承担赔偿责任的最高限额。买方信用数额适用以下规则。

其一，被保险人应当将保险合同适用范围内的所有交易，向保险人提交信用限额申请单，为其每一个买方分别申请一个信用限额；

其二，买方信用限额在保险期间内可以循环使用，如果买方支付了全部或者部分款项，则又恢复出相应的信用额度可供使用；

其三，若保险人对于被保险人的某一买家批复的信用额度为零，则保险人对被保险人与该买家进行交易产生的信用风险不承担保险责任，被保险人无须申报相关信用交易，保险人也不会收取相应的保险费用；

其四，被保险人对任何买方填报《可能损失通知书》后，该买方的信用限额自动被撤销。但如果《可能损失通知书》中报告的买方欠款金额小于该买家所批复的最高限额，经投保人或者被保险人申请，保险人可以不取消该买方的信用限额；

其五，当买方资产或者经营状况、买方所处行业或地区经济形势等发生重大变化可能影响买方的支付能力时，或者已经发现买方存在拖欠行为时，保险人有权修改或者撤销该买方信用限额。

（四）国内贸易信用保险合同的交易申报

被保险人应当按照保险合同的约定将其与买方发生的全部有关交易，

按照保险人确定的格式和要求如实向保险人书面申报。实务中，一般是月度申报或者季度申报。对于被保险人未在约定时间内申报的交易，保险人有权要求被保险人补报，若补报的交易已经发生损失或者可能引起损失的事件已经发生，保险人对此部分的损失不承担保险责任。

（五）国内贸易信用保险合同的保险责任

在国内贸易信用保险合同中，保险人在保险期间内交易商品或者提供服务，并按贸易合同的约定履行己方义务后，一般认为，当出现下列情况时，保险人始得依照保险合同的约定支付保险金。

1. 买方破产

买方破产是指买方已经被法院宣告破产，或者已经接到法院关于破产清算的判决或者裁定，该条件需要有相关的证据证明。

2. 买方拖欠应收账款

买方拖欠应收账款，是指买方超过贸易合同约定的应付款日仍未履行债务。被保险人以买方拖欠应收账款为由要求保险人承担保险责任的，应当在国内贸易信用保险合同约定的索赔等待期后向保险人提出索赔。

（六）国内贸易信用保险合同的赔偿处理

1. 通报可能的损失

被保险人知悉下列情况后，应当在规定的时间内向保险人填报《可能损失通知书》：（1）买方已破产；（2）买方超过最高延长期限截止日之后一个月内仍未付或者未付清应收款项。最高延长期限是被保险人同意买方在应付款日之后延后付款的最长期限，该期限是索赔等待期的一部分，由保险人和被保险人协商后在保险单中载明。

2. 正式索赔

若因买方破产，被保险人应当在知道买方破产后一个月内向保险人提出索赔；若因买方拖欠应收账款而引起损失，被保险人应当在贸易合同约定的付款截止日且索赔等待期结束后向保险人提出索赔。

3. 定损核赔

保险人自被保险人提交完整的索赔资料，保险人受理索赔案件之日起必须在规定的期限内作出是否承担赔偿责任的决定。对属于保险责任的，保险人应当在与被保险人达成有关赔偿协议后的规定时间内履行赔偿义务。

保险人在定损核赔时，通常从受损金额中扣除以下费用。

（1）买方在发生损失的贸易合同项下已经支付、抵债的款项；

（2）经被保险人同意向买方支付的款项；

（3）被保险人因不必履行贸易合同而节省的费用；

（4）其他被保险人在有关交易项下已经获得或者确定即将获得的权益。

此外，对于有付款担保的贸易合同，在完全履行担保协议前，或者法院、仲裁机构对担保人作出判决、裁定前，保险人原则上不予以定损核赔；因贸易纠纷引起买方不付应收账款的，除非经保险人书面认可，在贸易纠纷完全解决并且被保险人与买方均对解决方案表示书面认同前，保险人均不予以定损核赔。

4. 追偿

在保险人履行保险赔偿义务后，保险人即代位取得被保险人对买方的一系列权利，包括收取贸易合同价款并要求买方违约赔偿的权利以及赔偿所涉及的交易标的有关的单证、票据与担保，并可以要求保险人对其追偿履行协助义务。

三、出口信用保险合同

（一）出口信用保险合同的概念

出口信用保险合同，是指保险人承保出口商在经营进出口业务中因进口商的商业风险或者进口国政治风险而遭受损失的信用保险合同。当今世界上的出口信用保险合同大多数是依靠政府的支付存在，具有强烈的政策性。

（二）出口信用保险合同的适用范围

中华人民共和国境内（港、澳、台地区除外）注册的企业均可作为出口信用保险合同的投保人和被保险人。

一般而言，出口信用保险合同承保的出口贸易须同时符合以下条件。

（1）货物从中华人民共和国境内出口，出口是指货物已经报关并交付给承运人或直接交付给买方，或经保险人认可的其他形式；

（2）销售合同必须真实、合法、有效，应当明确合同当事人、货物数量、价格、种类及价款等情况；

(3) 以信用证和非信用证为支付方式。

信用证应当按照《跟单信用证统一惯例》开立的不可撤销的跟单信用证。

非信用证支付方式包括付款交单（D/P）、承兑交单（D/A）和赊账（OA）等支付方式。

投保人可以选择将所有以信用证和非信用证为支付方式、或所有以信用证为支付方式、或所有以非信用证为支付方式的出口贸易向保险人投保。投保人和保险人应当在保险单中载明适保范围。出口信用保险合同遵循统保原则，投保人应就适保范围内的全部出口向保险人投保、申报出口额并交纳保费，保险人依据保险合同承担责任。

（三）出口信用保险合同的责任限额

出口信用保险合同的责任限额分为累计赔偿限额与信用限额，基本与国内贸易信用保险合同中的一致，但出口信用保险合同中的信用限额另包括开证行信用限额。开证行信用限额，是指保险人对被保险人向特定开证行开立的信用证项下的出口可能承担赔偿责任的最高限额，但赔偿额应当按照保险合同载明的赔偿比例计算。

（四）出口信用保险合同的保险责任

在出口信用保险合同中，保险人给付保险金的条件主要分为商业风险和政治风险，其前提条件是被保险人按照销售合同约定出口货物后，或作为信用证受益人按照信用证条款规定提交单据后。

对于出口信用保险合同的索赔理赔，与国内贸易信用保险合同的基本一致，包括通报可能损失、正式索赔、定损核赔和追偿四个过程。

【风险提示】

1. 在信用保险合同中，比较特殊的即在于其规定了被保险人对于买方的信用额度。对此，被保险人应谨慎地选择买方并根据保险人的批复向买方提供信用限额及信用期限。被保险人与保险人的交易行为应当注意参考该信用限额与信用期限，以免在买方违约时由于超出信用限额或不在信用期限内等原因承担过多损失。

2. 出口信用保险合同是为境内投保人设计的一种合同，为此，境外投资者需要首先在中国境内设立相关企业并进行出口贸易，方得投保该合同。

此外，出口信用保险合同的保险责任为进口商的商业风险与进口国的政治风险。对于向局势动荡、政权不稳定的国家或地区出口时，出口人应当投保出口信用保险以分散风险。

第七节　保证保险合同

【规则要点】

保证保险合同，是指以债务人对被保险人（债权人）履行义务的信用行为为保险标的，而由债务人投保的财产保险合同。在保险实务中，保证保险合同通常被划分为确实保证保险合同和诚实保证保险合同。

【理解与适用】

一、保证保险合同的特殊性

在保证保险合同中，投保人是债务人，被保险人是债权人，保险人是具有保证保险业务经营资格的保险公司。保证保险合同与信用保险合同都承保信用风险，都以债务的履行与否作为保险标的，都以债务人未能按照约定履行债务为保险事故，两者十分相似；两者最主要的区别即是投保人的不同，以及由此带来的保险人的信息知晓范围与信用风险转移程度的不同。

与其他财产保险合同相比，保证保险合同的特殊性表现在以下几个方面。

（一）保险合同涉及三方主体

在保证保险合同中，投保人是债务人，被保险人是债权人，保险人是具有经营保证保险业务经营的保险公司。保证保险合同涉及三方主体，而一般的财产保险合同仅涉及投保人（亦为被保险人）与保险人两方主体。

（二）保险人承保的风险是债务人的信用风险

在保证保险合同中，保险人承保的是债务人的信用风险，是一种期待利益，相对主观、动态，具有较强的不稳定性。

（三）投保人为了债权人的利益签订保证保险合同

投保人签订保证保险合同实际上保障了债权人的利益，在债务人不能依照合同约定履行义务时，债权人可以请求保险人支付保险金以补偿因此遭受的损失，保证保险合同转移与分散的是债权人的风险。而一般的财产保险合同，投保人均是为了自身的利益签订保险合同，保险合同是为了转移与分散自身的风险。

（四）保险人对交易的知晓范围更广泛

不同于信用保险合同，在保证保险合同中，保险人是与债务人签订保证合同并对债务人的履行行为承担保险责任。因此，保险人需要对债务人的经济状况、信用情况以及债务人所在国的政治风险、自然风险作出更加充分、全面地认知与了解，并据以确定是否承保以及决定相应的保险费率。

二、保证保险合同的种类

保证保险合同通常被划分为确实保证保险合同和诚实保证保险合同。

（一）确实保证保险合同

确实保证保险合同，是指在债务人未能依约履行债务而使债权人遭受损失时，由保险人承担赔偿责任的保证保险合同。确实保证保险合同的投保人是债务人本身，保险标的是债务人的履约风险。依照债务人义务的来源不同，确实保证保险合同又可进一步分为合同保证保险合同、贷款保证保险合同、司法保证保险合同、产品保证保险合同与特许保证保险合同。

（二）诚实保证保险合同

诚实保证保险合同，是指投保人与保险人签订的，以雇员盗窃、贪污、非法侵占、挪用、伪造票据文件、误用等不法行为造成被保险人损失为给付保险金条件的保险合同。在诚实保证保险合同中，投保人为雇主，被保险人为雇员，雇员为了雇主的利益投保，但本质上是为了维护自己的良好品行与优良信誉。依照承保对象是某一特定姓名的雇员还是某一职位上的雇员，诚实保证保险合同可以进一步划分为指明保证保险合同、职业保证保险合同与总扩保证保险合同等形式。

【风险提示】

尽管保证保险合同与保证担保合同在目的和效果上有极大相似，但两者相互独立，分属不同的法律关系、适用不同的法律，切忌将两种混为一谈。保险人依照保险合同给付保险金的行为是保险赔付行为，而不是一般的民事保证行为，不与其他保证人承担连带赔偿责任。

第八节 再保险合同

【规则要点】

再保险合同是保险分出公司和保险分入公司确定双方权利义务关系的保险合同，又称为分保合同。再保险合同的保险标的是原保险人依照再保险合同分出的其应当承担的风险或责任，其发生于两家保险公司或机构之间。

【理解与适用】

一、再保险合同的特殊性

相较于原保险合同，再保险合同的特殊性体现在以下几个方面。

（一）保险合同主体的不同

在再保险合同中，投保人为原保险人、保险人为再保险人，两者均为保险人，不同于原保险合同中当事人为原投保人与原投保人。保险合同主体的不同也决定了不同保险合同中投保人与保险人的不同义务。

（二）保险标的的特殊性

原保险合同的保险标的是被保险人的人身与财产，而再保险合同的保险标的是原保险人依照再保险合同分出的其应当承担的风险或责任，是一种无形财产。

（三）保险合同的相对性

保险金支付的相对性，是指在合同订立时，只有原保险人可以要求投保人交纳保险费；在保险事故发生造成保险标的损失后，投保人只能够要求原保险人承担保险责任，而不能直接要求再保险人承担保险责任，这是基于合同相对性的要求。对此，依照保险法的规定，再保险接受人不得向原保险的投保人要求支付保险费。原保险的被保险人或者受益人不得向再保险接受人提出赔偿或者给付保险金的请求。再保险分出人不得以再保险接受人未履行再保险责任为由，拒绝履行或者迟延履行其原保险责任。

（四）一定情形下适用的强制性

不同于原保险合同的侧重在于补偿被保险人因保险事故所遭受的损失，再保险合同侧重点更在于对原保险人的承保责任进行分摊，转移原保险人面临的风险，保护被保险人的利益，维持原保险人的活力并保证保险行业的稳定。据此，我国确立了一定情形下的再保险强制适用。

依照保险法的规定，保险人对每一危险单位，即对一次保险事故可能造成的最大损失范围所承担的责任，不得超过其实有的资本金加公积金总和的百分之十；超过的部分应当办理再保险。保险公司对危险单位的划分应当符合国务院监督管理机构的规定。

二、再保险合同的内容

再保险合同主要包括以下内容。

（一）共同利益条款

共同利益条款，是关于再保险合同双方当事人共同权利的规定，即原保险人与再保险人在保险费的获得、向第三者追偿、保险金赔付、保险仲裁或诉讼等方面对被保险人与受益人有共同的利益。共同利益条款的主要含义是指，与原保险人有关的诉讼结果对再保险人也有约束力，而且原保险人根据诚实信用原则作出的非诉讼赔偿，也对再保险人具有约束力。但是，原保险人因调查和抗辩保单持有人的权利请求而支出的费用，再保险人不予负责。

（二）过失或疏忽条款

过失或疏忽条款，是指在保险期限内保险事故的发生以及原保险人在执行再保险合同条款时，由于原保险人的过失或疏忽而非故意造成的损失，再保险人仍应当承担保险责任。过失与疏忽条款旨在保护原保险人的利益，避免因错误或者遗漏而产生对原保险人极为不利的后果。

（三）双方权利保障条款

双方权利保障条款，是指原保险人与再保险人应保证对方享有其权利，以使合法利益得到保护。原保险人应当赋予对方查校账册以及保单、保险费、报表、赔案卷宗等业务文件的权利；再保险人应当赋予原保险人选择承保标的、制定费率和处理赔款的权利。

（四）其他条款

其他条款，是指保险合同应当具有的共同条款，包括缔约当事人的名称、地址，保险期限，再保险的险种和方式，保险费的计算和支付方式，保险责任的分担及除外责任，争议处理，赔偿规定等条款。

【法条适用】

中华人民共和国保险法（节录）

第二十八条 保险人将其承担的保险业务，以分保形式部分转移给其他保险人的，为再保险。

应再保险接受人的要求，再保险分出人应当将其自负责任及原保险的有关情况书面告知再保险接受人。

第二十九条 再保险接受人不得向原保险的投保人要求支付保险费。

原保险的被保险人或者受益人不得向再保险接受人提出赔偿或者给付保险金的请求。

再保险分出人不得以再保险接受人未履行再保险责任为由，拒绝履行或者迟延履行其原保险责任。

第四章

保险业法

第一节 保险组织

【规则要点】

依照我国保险法及有关法律法规的规定，目前，在中国境内只有依法设立的保险公司以及法律、行政法规规定的其他保险组织经营保险业务，具体表现为保险公司与相互保险组织两种形式。设立上述保险组织，应当严格依法履行相应的设立程序。外国保险公司可以依法在中国境内设立外资保险公司，经营保险业务。

【理解与适用】

一、中国保险组织形式

保险组织的形式，即指经营保险业务主体的组织类型。对此，各国规定不一，但由于保险组织的设立和组织形式直接关系到公共利益和社会的稳定，所以各国一般都实行保险业务经营许可证特许管理，特别规定经营者的资格。

中国实行保险业务经营许可证特许管理，依照我国保险法的规定，保险业务只能由依法设立的保险公司以及法律、行政法规规定的其他保险组织经营，其他单位和个人不得经营保险业务。根据国务院保险监督管理机构的特许情况来看，目前特许的保险组织主要是保险公司；此外，国务院监督管理机构于2015年1月发布了《相互保险组织监管试行办法》，允许相互保险组织作为中国保险组织的一种形式经营保险业务。

目前来看，中国的保险公司多是股份有限公司，如中国人民财产保险股份有限公司、中国人寿保险股份有限公司、太平洋保险（集团）股份有限公司、平安保险（集团）股份有限公司、华安财产保险股份有限公司、泰康人寿保险股份有限公司、新华人寿保险股份有限公司等；另有部分有限责任公司，如太平洋人寿保险有限公司、太平保险有限公司以及国有独资的中国出口信用保险公司。

此外，外国保险机构在中华人民共和国境内设立代表机构，应当经国务院保险监督管理机构批准，且该代表机构不得从事保险经营活动。有关外国保险机构代表机构的具体内容可参见本书第五章第一节“代表机构”部分。

二、保险公司

（一）保险公司的设立

保险公司的设立，是指成立保险公司之前依照法律规定进行的一系列行为的总称。保险公司设立的目的即是成立保险公司，在设立人依法完成一系列设立程序并符合保险公司成立的条件时，保险公司成立。

中国实行保险公司设立的核准制度，设立保险公司的，必须经国务院监督管理机构批准，取得保险业务许可证；否则，任何单位和个人不得在中国境内经营或者变相经营商业保险业务。国务院保险监督管理机构审查保险公司的设立申请时，应当考虑保险业的发展和公平竞争的需要。保险公司及其分支机构应当依法使用经营保险业务许可证，不得将其转让、出租、出借。

1. 保险公司设立的条件

保险公司设立的条件，是指设立保险公司所必须具备的实质性要件。对此，保险法作出了如下规定。

（1）主要股东具有持续盈利能力，信誉良好，最近三年内无重大违法违规记录，净资产不低于人民币2亿元。主要股东的经济状况和诚信品质对保险公司的经营管理具有重大影响，为此，要求设立保险公司的主要股东应当具有相应的能力与水平。

（2）有符合中国保险法和公司法规定的章程。公司章程是由设立公司的股东制定并对公司、股东、公司经营管理人员具有约束力的调整公司内部的组织关系和经营行为的自治规则。依照法律规定，公司章程必须依法记载公司名称和住所、经营范围、设立方式、注册资本和资本构成、发起人姓名（名称）、组织机构设置和议事规则、法定代表人、公司利润分配办法等基本事项。

（3）符合保险法规定的注册资本。保险公司的注册资本在一定层面上可以体现保险公司的经济实力，保证保险公司的最低偿付能力。依照保险法的规定，设立保险公司，其注册资本的最低限额为人民币 2 亿元。国务院保险监督管理机构根据保险公司的业务范围、经营规模，可以对某一家或者某一类保险公司的设立设定注册资本限额，但不得低于人民币 2 亿元的最低限额。为了保证保险公司的资本充实，保险公司的注册资本必须为实缴货币资本。

（4）有具备任职专业知识和业务工作经验的董事、监事和高级管理人员。由于保险公司的运作具有较强的技术性、保险业务具有较强的实务性，故需要保险公司的董事、监事和高级管理人员具有诚实信用的品行、良好的合规经营意识和履行职务必需的经营管理能力。保险机构的董事、监事和高级管理人员，应当在任职前取得中国国务院保险监督管理机构核准的任职资格。

依照国务院保险监督管理机构 2018 年 2 月 13 日发布并实施的《保险公司董事、监事和高级管理人员任职资格管理规定》的相关规定，保险公司的高级管理人员，是指对保险机构经营管理活动和风险控制具有决策权或者重大影响的下列人员。

① 总公司总经理、副总经理和总经理助理；

② 总公司董事会秘书、合规负责人、总精算师、财务负责人和审计负责人；

③ 分公司、中心支公司总经理、副总经理和总经理助理；

④ 支公司、营业部经理；

⑤ 与上述高级管理人员具有相同职权的管理人员。

此外，依照保险法第 82 条的规定，存在公司法第 146 条规定的情形或者下列情形之一的，不得担任保险公司的董事、监事、高级管理人员。

① 因违法行为或者违纪行为被金融监督管理机构取消任职资格的金融机构的董事、监事、高级管理人员，自被取消任职资格之日起未逾5年的；

② 因违法行为或者违纪行为被吊销执业资格的律师、注册会计师或者资产评估机构、验证机构等机构的专业人员，自被吊销执业资格之日起未逾5年的。

（5）有健全的组织机构和管理制度。健全的组织机构和管理制度是保险公司得以正常运作的前提与保证。

（6）有符合要求的营业场所和与业务有关的其他设施。

保险公司的运作需要其具有相应的营业场所和与业务有关的其他设施等客观物质条件。

（7）法律、行政法规和国务院保险监督管理机构规定的其他条件。

2. 保险公司设立的程序

保险公司设立的程序，包括设立申请、筹建、开业申请以及工商登记等程序。

（1）设立申请

申请设立保险公司的，应当向国务院保险监督管理机构提出书面申请，并依照保险法的有关规定，提交下列材料。

① 设立申请书，申请书应当载明拟设立的保险公司的名称、注册资本、业务范围等；

② 可行性研究报告；

③ 筹建方案；

④ 投资人的营业执照或者其他背景资料，经会计师事务所审计的上一年度财务会计报告；

⑤ 投资人认可的筹备组负责人和拟任董事长、经理名单及本人认可证明；

⑥ 国务院保险监督管理机构规定的其他材料。

国务院保险监督管理机构应当对设立保险公司的申请进行审查，自受理之日起6个月内作出批准或者不批准筹建的决定，并书面通知申请人。决定不批准的，应当书面说明理由。

在审查期间，国务院保险监督管理机构应当对投资人进行风险提示，并听取拟任董事长、总经理对拟设保险公司在经营管理和业务发展等方面的工作思路。

(2) 筹建

申请人的保险公司设立申请经中国国务院监督管理机构批准后，应当自收到批准筹建通知之日起一年内完成筹建工作。筹建期间届满未完成筹建工作的，原批准筹建决定自动失效。

筹建机构在筹建期间不得从事保险经营活动，筹建期间不得变更主要投资人。

(3) 开业申请

依照保险法、《保险公司管理规定》的规定，筹建工作完成后，符合下列条件的，申请人可以向国务院保险监督管理机构提出开业申请。

① 股东符合法律、行政法规和国务院保险监督管理机构的有关规定；

② 有符合保险法、公司法规定的章程；

③ 注册资本最低限额为人民币 2 亿元，且必须为实缴货币资本；

④ 有符合国务院保险监督管理机构规定任职资格条件的董事、监事和高级管理人员；

⑤ 有健全的组织机构；

⑥ 建立了完善的业务、财务、合规、风险控制、资产管理、反洗钱等制度；

⑦ 有具体的业务发展计划和按照资产负债匹配等原则制定的中长期资产配置计划；

⑧ 具有合法的营业场所，安全、消防设施符合要求，营业场所、办公设备等与业务发展规划相适应，信息化建设符合国务院保险监督管理机构要求；

⑨ 法律、行政法规和国务院保险监督管理机构规定的其他条件。

申请人提出开业申请，应当提交下列材料一式三份。

① 开业申请书；

② 创立大会决议，没有创立大会决议的，应当提交全体股东同意申请开业的文件或者决议；

③ 公司章程；

④ 股东名称及其所持股份或者出资的比例，资信良好的验资机构出具的验资证明，资本金入账原始凭证复印件；

⑤ 国务院保险监督管理机构规定股东应当提交的有关材料；

⑥ 拟任该公司董事、监事、高级管理人员的简历以及相关证明材料；

⑦ 公司部门设置以及人员基本构成；

⑧ 营业场所所有权或者使用权的证明文件；

⑨ 按照拟设地的规定提交有关消防证明；

⑩ 拟经营保险险种的计划书、3 年经营规划、再保险计划、中长期资产配置计划，以及业务、财务、合规、风险控制、资产管理、反洗钱等主要制度；

⑪ 信息化建设情况报告；

⑫ 公司名称预先核准通知；

⑬ 国务院保险监督管理机构规定提交的其他材料。

国务院保险监督管理机构应当审查开业申请，进行开业验收，并自受理开业申请之日起60 日内作出批准或者不批准开业的决定。验收合格决定批准开业的，颁发经营保险业务许可证；验收不合格决定不批准开业的，应当书面通知申请人并说明理由。

（4）工商登记

经批准开业的保险公司，应当持批准文件以及经营保险业务许可证，向市场监督管理部门办理登记注册手续，领取营业执照后方可营业。保险公司自取得经营保险业务许可证之日起 6 个月内，无正当理由未向市场监督管理机关办理登记的，其经营保险业务许可证失效。

3. 保险公司分支机构的设立

保险公司可以依法设立分支机构。

依照保险法的有关规定，保险公司在中华人民共和国境内设立分支机构，应当经国务院保险监督管理机构批准。保险公司分支机构不具有法人资格，其民事责任由保险公司承担。

此外，保险公司在中华人民共和国境外设立子公司、分支机构，应当经国务院监督管理机构批准。

保险公司申请设立分支机构，应当向国务院保险监督管理机构提出书面申请，并提交下列材料：（1）设立申请书；（2）拟设机构 3 年业务发展规划和市场分析材料；（3）拟任高级管理人员的简历及相关证明材料；（4）国务院保险监督管理机构规定的其他材料。

保险监督管理机构应当对保险公司设立分支机构的申请进行审查，自受理之日起60日内作出批准或者不批准的决定。决定批准的，颁发分支机构经营保险业务许可证；决定不批准的，应当书面通知申请人并说明理由。

经批准设立的保险公司及其分支机构，凭经营保险业务许可证向市场监督管理机关办理登记，领取营业执照。保险公司分支机构自取得经营保险业务许可证之日起6个月内，无正当理由未向市场监督管理机关办理登记的，其经营保险业务许可证失效。

（二）保险公司的变更

保险公司可以对有关事项进行变更。依照保险法、《保险公司管理规定》的规定，根据变更事项的不同，保险公司需要履行不同的程序。

保险公司有下列情形之一的，应当经国务院保险监督管理机构批准。

1. 变更名称；

2. 变更注册资本；

3. 变更公司或者分支机构的营业场所；

4. 撤销分支机构；

5. 公司分立或者合并；

6. 修改公司章程；

7. 变更出资额占有限责任公司资本总额5%以上的股东，或者变更持有股份有限公司股份5%以上的股东；

8. 国务院保险监督管理机构规定的其他情形。

此外，保险机构有下列情形之一，应当自该情形发生之日起15日内，向中国国务院保险监督管理机构报告。

1. 变更出资额不超过有限责任公司资本总额5%的股东，或者变更持有股份有限公司股份不超过5%的股东，上市公司的股东变更除外；

2. 保险公司的股东变更名称，上市公司的股东除外；

3. 保险公司分支机构变更名称；

4. 中国国务院保险监督管理机构规定的其他情形。

（三）保险公司的终止

保险公司的终止，是指保险公司根据法定程序彻底结束经营活动并使公司的法人资格归于消灭的事实状态和法律结果，意味着与公司有关事项的彻底结束。依照保险法的规定，保险公司终止的原因包括解散和破产。

1. 保险公司的解散

保险公司的解散，是指保险公司因其章程或者法律规定的事由出现而终止公司业务活动并消灭法律人格的过程。保险公司依照法律的规定，在解释事由出现后，经国务院保险监督管理机构批准后进行解散并最终终止。

依照保险法的有关规定，对于保险公司来说，其解散的事由包括以下几种。

（1）保险公司因分立、合并需要解散的；

（2）保险公司的股东会、股东大会决议解散的；

（3）保险公司章程规定的解散事由出现；

（4）保险公司被依法撤销。

其中，保险公司被撤销的原因，在于其因违法经营被依法吊销经营保险业务许可证的，或者偿付能力低于国务院保险监督管理机构规定标准，不予撤销将严重危害保险市场秩序、损害公共利益。

基于人寿保险的特殊性，对于经营人寿保险业务的保险公司，只有在其因合并、分立需要解散以及被依法撤销的情况下可以解散。

保险公司依法解散的，应当经国务院保险监督管理机构批准，并报送下列材料一式三份。

（1）解散申请书；

（2）股东大会或者股东会决议；

（3）清算组织及其负责人情况和相关证明材料；

（4）清算程序；

（5）债权债务安排方案；

（6）资产分配计划和资产处分方案；

（7）国务院保险监督管理机构规定提交的其他材料。

保险公司依法解散的，应当成立清算组，由清算组代表公司执行清算事务并行使公司职权，清算工作由国务院保险监督管理机构监督指导。

保险公司依法被撤销的，国务院保险监督管理机构应予以公告，并及时组织股东、有关部门以及相关专业人员成立清算组。

保险公司解散，必须具备上述解散事由并经国务院保险监督管理机构批准，否则不得解散。

2. 保险公司的破产

保险公司的破产，是指保险公司不能支付到期债务，经国务院保险监督管理机构同意或申请，由人民法院宣告破产而终止公司经营业务并消灭公司法人人格的过程。

依照保险法及企业破产法的有关规定，如果保险公司不能清偿到期债务，并且资不抵债或者具有明显丧失偿债能力可能性的，保险公司在经过国务院保险监督管理机构同意后，可以依照法律的规定申请重整、和解或者破产清算。国务院保险监督管理机构出于公共利益的考虑，也可以在具备上述条件时，主动向人民法院申请保险公司的重整或者破产清算。保险公司重整、和解成功的，保险公司继续运作、避免破产清算；否则，保险公司进行破产清算程序，最终被宣告破产。

此外，出于被保险人和受益人利益的考虑，保险法对保险公司破产清算时的财产分配作了特殊规定，赋予了被保险人、受益人保险金债权较先的清偿顺序。破产财产在优先清偿破产费用和共益债务后，按照下列顺序清偿。

（1）所欠职工工资和医疗、伤残补助、抚恤费用，所欠应当划入职工个人账户的基本养老保险、基本医疗保险费用，以及法律、行政法规规定应当支付给职工的补偿金；

（2）赔偿或者给付保险金；

（3）保险公司欠缴的除第（1）项规定以外的社会保险费用和所欠税款；

（4）普通破产债权。破产财产不足以清偿同一顺序的清偿要求的，按照比例分配。破产保险公司的董事、监事和高级管理人员的工资，按照该公司职工的平均工资计算。

依照保险法的有关规定，对于被依法撤销或被宣告破产的保险公司持有的人寿保险合同及责任准备金，必须转让给其他经营有人寿保险业务的保险公司；不能同其他保险公司达成转让协议的，由国务院保险监督管理机构指定经营有人寿保险业务的保险公司接受转让。转让或者由国务院保险监督管理机构指定接受转让规定的人寿保险合同及责任准备金的，应当维护被保险人、受益人的合法权益。

外资保险公司解散、依法被撤销或者被宣告破产的，未清偿债务前，不得将其财产转移至中国境外。

保险公司依法终止其业务活动，应当注销其经营保险业务许可证。此外，保险公司必须依据保险法、公司法、民事诉讼法的规定，依法经过法定清算程序。清算完结，清算组或者破产管理人应当到市场监督管理机关注销登记，消灭保险公司法人资格。

三、相互保险组织

（一）相互保险组织的概述

相互保险是国际上主要的保险组织形式之一，发展历史悠久，目前仍在全球保险市场中占据重要地位，特别是在高风险领域和中低收入人群风险保障方面得到广泛应用。国务院保险监督管理机构于 2015 年 1 月发布《相互保险组织监管试行办法》，正式将相互保险组织确认为中国保险组织的一种形式。

依照该办法，相互保险组织是指，在平等自愿、民主管理的基础上，由全体会员持有并以互助合作方式为会员提供保险服务的组织，包括一般相互保险组织，专业性、区域性相互保险组织等组织形式。

在中国，虽然有较多的申请人向中国国务院保险监督管理机构申请设立相互保险组织，但出于试水考量，目前经批准设立的相互保险组织的数量很少，相互保险组织巨大的生命力还没有展现出来，这一领域具有较大的发展空间。不过中国与之相关的规定很少，目前只有国务院保险监督管理机构发布的为数不多的规章，这也使得相互保险组织的设立与运作存在不小的风险，当事人须审慎行事。

（二）相互保险组织的设立

依照《相互保险组织监管试行办法》，相互保险组织应当经国务院保险监督管理机构批准设立，并在市场监督管理部门依法登记注册。在进行登记注册的相互保险组织名称中，必须包含有“相互”或“互助”字样。

设立一般相互保险组织，应当具备以下条件。

（1）具有符合办法规定的主要发起会员和一般发起会员。其中，主要发起会员负责筹集初始运营资金，并应当信誉良好，具有持续出资能力，其资质要求参照《中华人民共和国保险法》《保险公司股权管理办法》中主要股东条件，主要发起会员为个人的除外；一般发起会员承诺在组织成立后参保成为会员，一般发起会员数不低于500个。

(2) 有不低于人民币1亿元的初始运营资金；

(3) 有符合法律、法规及办法规定的章程；

(4) 有具备任职所需专业知识和业务工作经验的董（理）事、监事和高级管理人员。董（理）事、监事和高级管理人员任职资格管理按照《中华人民共和国保险法》和国务院保险监督管理机构有关规定执行；

(5) 有健全的组织机构和管理制度；

(6) 有符合要求的营业场所和与经营业务有关的其他设施；

(7) 国务院保险监督管理机构规定的其他条件。

设立专业性、区域性相互保险组织，应当具备下列条件。

(1) 具有符合办法规定的主要发起会员和一般发起会员，一般发起会员数不低于100个；

(2) 有不低于人民币1000万元的初始运营资金；

(3) 在坚持会员制和封闭性原则基础上，针对特定风险开展专门业务或经营区域限定在地市级以下行政区划；

(4) 其他设立条件参照一般相互保险组织。

为促进涉农保险的发生并考虑到我国农业状况，以农民或农村专业组织为主要服务对象的涉农相互保险组织，或其他经保险监督管理机构认可的专业性、区域性相互保险组织，可以在上述规定的基础上适当降低设立标准，但初始运营资金不得低于人民币100万元。

初始运营资金由主要发起会员负责筹集，可以来自他人捐赠或借款，但为保证相互保险组织的运作，该资金必须以实缴货币资金形式注入。依照办法规定，在弥补开办费之前，相互保险组织不得偿还初始运营资金。初始运营资金为债权的，在盈余公积与未分配利润之和达到初始运营资金数额后，经会员（代表）大会表决通过，并报保险监督管理机构批准，可以分期偿还初始运营资金本金和利息。当偿付能力不足时，应停止偿还初始运营资金本息。其他形式的初始运营资金偿付和回报方式由相互保险组织章程规定。

相互保险组织的设立程序，适用国务院保险监督管理机构关于保险公司设立的一般规定。

（三）相互保险组织的会员

相互保险组织会员是指承认并遵守相互保险组织章程并向其投保的单位或个人。

依照办法规定，相互保险组织会员享有下列权利。

（1）参加会员（代表）大会，并享有表决权、选举权、被选举权和参与该组织民主管理的权利；

（2）按照章程规定和会员（代表）大会决议分享盈余的权利；

（3）按照合同约定享受该组织提供的保险及相关服务的权利，此为相互保险组织会员组织和参加该组织的主要目的与权利；

（4）对该组织工作的批评建议权及监督权；

（5）查阅组织章程、会员（代表）大会记录、董（理）事会决议、监事会决议、财务会计报告和会计账簿的权利；

（6）章程规定的其他权利。

与权利相对应的，相互保险组织会员应履行以下义务。

（1）遵守组织章程；

（2）执行会员（代表）大会和董（理）事会的决议；

（3）按照保险合同约定缴纳保费，并以所缴纳保费为限对该组织承担责任，章程另有规定的除外；

（4）不得滥用会员权利损害相互保险组织或者其他会员的利益；

（5）章程规定的其他义务。

相互保险组织的章程可以对其主要发起会员的权利与义务另行规定。

此外，有下列情形之一的，会员资格自动终止。

（1）保险合同终止，会员组织与参加相互保险组织的目的即是通过该组织转移自己在生产、经营、生活等过程中遇到的风险，保险合同是其获得相互保险组织会员资格的基础，在保险合同终止时，其作为相互保险组织的会员资格自然终止；

（2）章程规定事由发生。

【相关案例】

长江财产保险股份有限公司涉嫌违法案

依据保险法的有关规定，中国银保监会对长江财产保险股份有限公司

（以下简称“长江财险”）涉嫌违法一案进行了调查、审理。

经查，长江财险存在聘任不具有任职资格人员担任公司高管的下列行为：当事人赵某（2017年7月长江财险印发任命文件），截至检查组进场，未取得保险监管机构核准的高管任职资格，但在实际工作中已履行相关高管职责。

中国银保监会认为，该案事实清楚、证据充足，在对当事人陈述申辩和听证申辩意见考虑后不予采纳，依法对长江财险及有关人员作出了处罚决定。

【法条指引】

中华人民共和国保险法（节录）

第六条 保险业务由依照本法设立的保险公司以及法律、行政法规规定的其他保险组织经营，其他单位和个人不得经营保险业务。

第六十七条 设立保险公司应当经国务院保险监督管理机构批准。

国务院保险监督管理机构审查保险公司的设立申请时，应当考虑保险业的发展和公平竞争的需要。

中华人民共和国外资保险公司管理条例（节录）

第三条 外资保险公司必须遵守中国法律、法规，不得损害中国的社会公共利益。

外资保险公司的正当业务活动和合法权益受中国法律保护。

第五条 设立外资保险公司，应当经国务院保险监督管理机构批准。

设立外资保险公司的地区，由国务院保险监督管理机构按照有关规定确定。

相互保险组织监管试行办法（节录）

第二条 本办法所称相互保险是指，具有同质风险保障需求的单位或个人，通过订立合同成为会员，并缴纳保费形成互助基金，由该基金对合同约定的事故发生所造成的损失承担赔偿责任，或者当被保险人死亡、伤残、疾病或者达到合同约定的年龄、期限等条件时承担给付保险金责任的保险活动。

本办法所称相互保险组织是指，在平等自愿、民主管理的基础上，由全体会员持有并以互助合作方式为会员提供保险服务的组织，包括一般相互保险组织，专业性、区域性相互保险组织等组织形式。

第二节 保险中介人

【规则要点】

保险中介人，又称保险辅助人，是指协助保险组织经营保险业务的机构或者个人。在中国保险法律制度中，保险中介人主要包括保险代理人、保险经纪人以及保险公估人。保险中介人的组织和经营情况应当符合法律规定的条件并依法履行相应的行政程序。对于法律规定的保险中介人及其从业人员的禁止性行为，有关机构或人员不得进行，否则应依法承担相应的法律责任。

【理解与适用】

一、中国保险中介人的种类

（一）保险代理人

保险代理人，是指根据保险人的委托，向保险人收取佣金，并在保险人授权的范围内代为办理保险业务的机构或者个人。保险代理机构包括专门从事保险代理业务的保险专业代理机构和兼营保险代理业务的保险兼业代理机构。

保险代理人进行保险代理活动，应当适用民事代理的有关规定，即保险代理人依据与保险公司签订的保险业务委托代理协议，对外以保险公司的名义开展保险业务、进行保险法律行为，所产生的权利义务由保险公司享有与承担，保险代理人有权根据其与保险公司的委托代理协议向保险公司收取相应的佣金。保险代理人没有代理权、超越代理权或者代理权终止后以保险人名义订立合同，使投保人有理由相信其有代理权的，该代理行为有效，保险人应当据此享有与承担相应的权利义务。保险人可以依法追究越权的保险代理人的责任。

保险代理人可以是单位或者个人。在保险实务中，通常将保险代理人分为专业保险代理机构、兼营保险代理机构以及个人保险代理人。

专业保险代理机构，是指经国务院保险监督管理机构批准设立并办理工商登记的，根据保险人的委托，在保险人授权经营的范围内专门办理保险业务的企业。在中国，专业保险代理机构可以是有限责任公司或者股份有限公司。

兼营保险代理机构，是指经国务院保险监督管理机构核准，接受保险人的委托，在从事自身业务的同时，为被保险人代办保险业务的企业。

个人保险代理人，是指接受保险人的委托，代为办理保险业务的自然人。个人保险代理人在办理人寿保险业务时，不得同时接受两个以上保险人的委托。

为进一步扩大保险业对外开放，促进我国保险代理行业发展，国务院保险监督管理机构发布了《中国银保监会关于允许境外投资者来华经营保险代理业务的通知》。依此通知，经营保险代理业务 3 年以上的境外保险专业代理机构以及开业 3 年以上的在华外资保险公司，在华投资设立的保险专业代理机构可以申请经营保险代理业务，业务范围和市场准入标准适用保险专业代理机构的相关规定。

（二）保险经纪人

保险经纪人，是指基于投保人的利益，为投保人与保险人订立保险合同提供中介服务，并依法收取佣金的机构。在中国，保险经纪机构可以是有限责任公司或者股份有限公司。

保险经纪人基于投保人的利益，向保险人及其代理人洽定保险合同，以最低的价格获得最优的承保；此外，在保险索赔时，保险经纪人有可能使被保险人在保险范围内获得最大限度的补偿，这不同于保险代理人是基于保险人的利益行事。

保险经纪人因过错给投保人、被保险人造成损失的，应当依法承担赔偿责任。

此外，为进一步扩大保险业对外开放，促进我国保险经纪行业发展，国务院保险监督管理机构发布了《中国银行保险监督管理委员会关于放开外资保险经纪公司经营范围的通知》，依此通知，经国务院保险监督管理机构批准取得经营保险经纪业务许可证的外资保险经纪机构，可在中华人民共和国境内经营下列保险经纪业务：（1）为投保人拟订投保方案、选择保险人、办理投保手续；（2）协助被保险人或者受益人进行索赔；（3）再保险经纪业务；（4）为委托人提供防灾、防损或风险评估、风险管理咨询服务；（5）中国银行保险监督管理委员会批准的其他业务。

（三）保险公估人

保险公估人，是指接受委托，专门从事保险标的或者保险事故评估、勘验、鉴定、估损理算等业务，并按照约定收取报酬的机构。在中国，保险公估人可以是有限责任公司、股份有限公司或者合伙企业。

保险公估人应当依法、独立、客观、公正地进行评估鉴定，任何单位和个人不得干涉。

保险公估人因故意或者过失给保险人或者被保险人造成损失的，应当依法承担赔偿责任。

此外，根据《中国银保监会关于允许境外投资者来华经营保险公估业务的通知》的规定，经营保险公估业务3年以上的境外公估机构以及开业3年以上的在华外资保险公司，在华投资设立的保险公估人可以经营保险公估业务，并适用保险公估人的有关规定进行业务备案。

二、保险中介人的组织和经营

（一）保险中介人及其相关人员的要求

依照保险法以及相关法律、行政法规、规章的规定，保险中介人的组织形式包括有限责任公司、股份有限公司、企业以及个人。为了保证保险市场的稳定与效率，促使其健康发展，并保护被保险人的利益，保险法及相关规定对保险中介人及其相关人员的组织、从业要求等作出了相关规定。

1. 保险中介人设立的行政程序

保险代理机构、保险经纪人应当具备国务院保险监督管理机构规定的条件，取得国务院保险监督管理机构颁发的经营保险代理业务许可证、保险经纪业务许可证。与此不同的是，依照国务院保险监督管理机构颁布的《保险公估人监管规定》的有关规定，保险公估机构仅须依法向国务院保险监督管理机构及其派出机构进行业务备案即可，而无须许可。

2. 保险中介人经营相关业务应具备的条件

依据《保险专业代理机构监管规定》，保险专业代理机构经营保险代理业务应当具备以下条件。

（1）股东、发起人信誉良好，最近3年无重大违法记录；

（2）注册资本最低限额为人民币5000万元，国务院保险监督管理机构另有规定的除外，但该注册资本必须是实缴货币资本；

（3）公司章程符合有关规定；

（4）董事长、执行董事、高级管理人员符合本规定的任职资格条件；

（5）具备健全的组织机构和管理制度；

（6）有与业务规模相适应的固定住所；

（7）有与开展业务相适应的业务、财务等计算机软硬件设施；

（8）法律、行政法规和国务院保险监督管理机构规定的其他条件。

依据《保险经纪人监管规定》，保险经纪人经营保险经纪业务，应当具备下列条件。

（1）股东符合本规定要求，且出资资金自有、真实、合法，不得用银行贷款及各种形式的非自有资金投资；

（2）经营区域不限于工商注册登记地所在省、自治区、直辖市、计划单列市的保险经纪公司的注册资本最低限额为人民币5000万元，经营区域为工商注册登记地所在省、自治区、直辖市、计划单列市的保险经纪公司的注册资本最低限额为人民币1000万元，上述注册资本必须为实缴货币资本，且按照中国国务院保险监督管理机构的有关规定托管；

（3）营业执照记载的经营范围符合中国国务院保险监督管理机构的有关规定；

（4）公司章程符合有关规定；

（5）公司名称符合本规定要求；

（6）高级管理人员符合本规定的任职资格条件；

（7）有符合中国国务院保险监督管理机构规定的治理结构和内控制度，商业模式科学合理可行；

（8）有与业务规模相适应的固定住所；

（9）有符合国务院保险监督管理机构规定的业务、财务信息管理系统；

（10）法律、行政法规和国务院保险监督管理机构规定的其他条件。

依据《保险公估人监管规定》，保险公估机构经营保险公估业务，应当具备下列条件。

（1）股东或者合伙人符合本规定要求，且出资资金自有、真实、合法，不得用银行贷款及各种形式的非自有资金投资；

（2）根据业务发展规划，具备日常经营和风险承担所必需的营运资金，全国性机构营运资金为人民币 200 万元以上，区域性机构营运资金为人民币 100 万元以上；

（3）营运资金的托管符合国务院保险监督管理机构的有关规定；

（4）营业执照记载的经营范围不超出本规定第 43 条规定的范围；

（5）公司章程或者合伙协议符合有关规定；

（6）企业名称符合本规定要求；

（7）董事长、执行董事和高级管理人员符合本规定的条件；

（8）有符合中国保监会规定的治理结构和内控制度，商业模式科学合理可行；

（9）有与业务规模相适应的固定住所；

（10）有符合国务院保险监督管理机构规定的业务、财务信息管理系统；

（11）法律、行政法规和国务院保险监督管理机构规定的其他条件。

3. 保险中介人高级管理人员及有关从业人员的任职要求

保险专业代理机构、保险经纪人以及保险公估人的高级管理人员，应当品行良好，熟悉保险法律、行政法规，具有履行职责所需的经营管理能力。保险专业代理机构、保险经纪人的高级管理人员在任职前应当取得国务院保险监督管理机构核准的任职资格；保险公估人的高级管理人员无须取得国务院保险监督管理机构核准的任职资格，但其任职决定应当自作出后 5 日内由保险公估人向国务院保险监督管理机构如实按规定提交报告材料，并在国务院保险监督管理机构规定的监管信息系统中登记相关信息。

个人保险代理人、保险代理机构的代理从业人员、保险经纪人的经纪从业人员以及保险公估人的公估从业人员，应当品行良好，分别具有从事保险代理业务、保险经纪业务与保险公估业务所需的专业能力。

（二）保险中介人的业务范围

《保险专业代理机构监管规定》《保险经纪机构监管规定》《保险公估机构监管规定》对保险专业代理机构、保险经纪机构、保险公估机构的业务范围作了如下规定。

保险专业代理机构可以经营下列保险代理业务：（1）代理销售保险产品；（2）代理收取保险费；（3）代理相关保险业务的损失勘查和理赔；（4）国务院保险监督管理机构批准的其他业务。

保险经纪机构可以经营下列保险经纪业务：（1）为投保人拟订投保方案、选择保险公司以及办理投保手续；（2）协助被保险人或者受益人进行索赔；（3）再保险经纪业务；（4）为委托人提供防灾、防损或者风险评估、风险管理咨询服务；（5）国务院保险监督管理机构批准的其他业务。

保险公估机构可以经营下列业务：（1）保险标的承保前和承保后的检验、估价及风险评估；（2）保险标的出险后的查勘、检验、估损理算及出险保险标的残值处理；（3）风险管理咨询；（4）国务院保险监督管理机构批准的其他业务。

（三）保险中介人的业务规则

保险中介人应当依照保险法及相关规定从事保险业务、进行保险经营行为，保险中介人的业务规则主要体现在以下几个方面。

1. 保险中介人应当与其委托人签订书面的委托协议，确定双方的权利义务关系；

2. 保险中介人应当有自己的经营场所，分别设立专门账簿记载保险代理业务、经纪业务与公估业务的收支情况；

3. 保险中介人应当按照国务院保险监督管理机构的规定缴存保证金或者投保职业责任保险；

4. 保险中介机构业务人员在开展业务的过程中，应当明确告知有关中介机构的名称、住所、业务范围、联系方式以及法律责任等事项；

5. 保险中介机构应当按照规定按时向国务院保险监督管理机构报送营业报告、财务会计报告及有关报表和资料，保险公司的偿付能力报告、财务会计报告、精算报告、合规报告及其他有关报告、报表、文件和资料必须如实记录保险业务事项，不得有虚假记载、误导性陈述和重大遗漏；

6. 保险代理机构、保险经纪人应当依法使用经营保险业务代理许可证、保险经纪业务许可证，不得将其转让、出租、出借。

7. 对受理的保险公估业务，保险公估人应当指定至少 2 名保险公估从业人员承办。保险公估从业人员应当恰当选择评估方法。

三、保险中介人及其从业人员的禁止行为

依照保险法的有关规定，保险代理人、保险经纪人及其从业人员在办理保险业务活动中不得有下列行为。

1. 欺骗保险人、投保人、被保险人或者受益人；

2. 隐瞒与保险合同有关的重要情况；

3. 阻碍投保人履行如实告知义务，或者诱导其不履行如实告知义务；

4. 给予或者承诺给予投保人、被保险人或者受益人保险合同约定以外的利益；

5. 利用行政权力、职务或者职业便利以及其他不正当手段强迫、引诱或者限制投保人订立保险合同；

6. 伪造、擅自变更保险合同，或者为保险合同当事人提供虚假证明材料；

7. 挪用、截留、侵占保险费或者保险金；

8. 利用业务便利为其他机构或者个人牟取不正当利益；

9. 串通投保人、被保险人或者受益人，骗取保险金；

10. 泄露在业务活动中知悉的保险人、投保人、被保险人的商业秘密。

【相关案例】

河南泛华安联保险代理有限公司违法案

依据保险法的有关规定，中国保监会对河南泛华安联保险代理有限公司（以下简称“泛华安联”）涉嫌违法一案进行了调查、审理。经查，泛华安联存在以下违法行为。

一是利用业务便利为其他机构或者个人牟取不正当利益。2013 年 1 月至 2014 年 11 月，泛华安联协助中国人民财产保险股份有限公司郑州市分公司、中国太平洋财产保险股份有限公司郑州中心支公司等保险公司虚挂中介业务，总计涉及手续费人民币 323.46 万元，其中大部分手续费支付给保险公司

员工。

二是编制或者提供虚假资料。2013 年 1 月至 2014 年 6 月，泛华安联部分销售人员代理业务实际系其他人的业务，且公司在检查过程中提供了虚假的《保险代理合同》。

中国保监会认定上述事实清楚、证据充分，经复核对泛华安联申辩意见不予采纳。因此，中国保监会依法对泛华安联作出行政处罚。

【法条指引】

中华人民共和国保险法（节录）

第一百一十七条 保险代理人是根据保险人的委托，向保险人收取佣金，并在保险人授权的范围内代为办理保险业务的机构或者个人。

保险代理机构包括专门从事保险代理业务的保险专业代理机构和兼营保险代理业务的保险兼业代理机构。

第一百一十八条 保险经纪人是基于投保人的利益，为投保人与保险人订立保险合同提供中介服务，并依法收取佣金的机构。

保险公估人监管规定（节录）

第二条 本规定所称保险公估，是指评估机构及其评估专业人员接受委托，对保险标的或者保险事故进行评估、勘验、鉴定、估损理算以及相关的风险评估。

保险公估人是专门从事上述业务的评估机构，包括保险公估机构及其分支机构。

保险公估机构包括保险公估公司和保险公估合伙企业。

第三节 保险业的监管规则

【规则要点】

为对中国保险业实施监督管理，维护保险市场秩序，保护投保人、被保险人和受益人的合法权益，保险法及国务院的有关规定授予中国银行保险监督管理委员会（中国国务院保险监督管理机构）相应的职责，要求其遵循依法、公开、公正的原则进行保险市场监督管理。监管方向包括但不限于进行业务监管、保险条款与费率监管、保险公司偿付能力与资金运用监管等。

【理解与适用】

一、中国保险业监督管理制度

保险业监督管理制度，是指在一国范围内，国家保险监督管理机关利用法律监管手段、行业自律手段和企业自控手段对经营保险业务的主体和参与保险活动的主体资格及其实施的保险行为进行监督和管理的法律制度体系。

中国保险监督管理委员会（简称“中国保监会”）是原国务院保险监督管理机构，成立于1998年11月18日。2018年3月，第十三届全国人民代表大会第一次会议批准国务院机构改革方案，方案中将中国保险监督管理委员会与中国银行业监督管理委员会进行职责整合，组建中国银行保险监督管理委员会（简称“中国银保监会”），是国务院直属事业单位，其主要职责是依照法律法规统一监督管理银行业和保险业，维护银行业和保险业合法、稳健运行，防范和化解金融风险，保护金融消费者合法权益，维护金融稳定。而将原中国保险监督管理委员会拟定保险业重要法律法规草案和审慎监管基本制度的职责划入中国人民银行。

中国银保监会依照保险法和国务院规定的职责，遵循依法、公开、公正的原则，对保险业实施监督管理，维护保险市场秩序，保护投保人、被保险人和受益人的合法权益。

依照保险法的规定，中国银保监会依法履行职责，可以采取以下措施。

其一，对保险公司、保险代理人、保险经纪人、保险资产管理公司、外国保险机构的代表机构进行现场检查；

其二，进入涉嫌违法行为发生场所调查取证；

其三，询问当事人及与被调查事件有关的单位和个人，要求其对与被调查事件有关的事项作出说明；

其四，查阅、复制与被调查事件有关的财产权登记等资料；

其五，查阅、复制保险公司、保险代理人、保险经纪人、保险资产管理公司、外国保险机构的代表机构以及与被调查事件有关的单位和个人的财务会计资料及其他相关文件和资料；对可能被转移、隐匿或者毁损的文件和资料予以封存；

其六，查询涉嫌违法经营的保险公司、保险代理人、保险经纪人、保险资产管理公司、外国保险机构的代表机构以及与涉嫌违法事项有关的单位和个人的银行账户；

其七，对有证据证明已经或者可能转移、隐匿违法资金等涉案财产或者隐匿、伪造、毁损重要证据的，经保险监督管理机构主要负责人批准，申请人民法院予以冻结或者查封。

保险监督管理机构采取上述第（1）、（2）、（5）项措施的，应当经保险监督管理机构负责人批准；采取第（6）项措施的，应当经国务院保险监督管理机构负责人批准。

保险监督管理机构依法进行监督检查或者调查，其监督检查、调查的人员不得少于二人，并应当出示合法证件和监督检查、调查通知书；监督检查、调查的人员少于二人或者未出示合法证件和监督检查、调查通知书的，被检查、调查的单位和个人有权拒绝。

此外，保险法赋予了中国银保监会为了保险监管的需要制定规章的权力，中国银保监会可以依照法律、行政法规制定并发布有关保险业监督管理的规章。目前来看，在中国的保险法律制度体系中，存在着大量由中国银保监会制定的规章，这些规章明确、具体地规定了保险业中涉及的诸多事项，有针对地、细致地解决保险实务中遇见的具体问题，如《保险公司管理规定》《财产保险公司再保险管理规范》《保险专业代理机构监管规定》等，这些规章是中国保险法律制度体系中的重要成分。

为了进行更加有效的保险业监管并进而优化整个金融行业监督体系，保险法规定了金融监督管理机构监管信息共享体制。依照规定，国务院保险监督管理机构应当与中国人民银行、国务院其他金融监督管理机构建立监督管理信息共享机制。保险监督管理机构依法履行职责，进行监督检查、调查时，有关部门应当予以配合。

为了强化人民银行宏观审慎管理和系统性风险防范职责，强化金融监管部门监管职责，确保金融安全与稳定发展，2017 年 11 月，经中共中央、国务院批准，我国设立了国务院金融稳定发展委员会，作为国务院统筹协调金融稳定和改革发展重大问题的议事协调机构。历史经验显示，金融监管体系的变革与金融市场创新是同步的，中国也是在不断地针对新的经济金融环境完善监管框架。

二、保险公司业务范围监管

保险公司的业务范围，是指经国务院保险监督管理机构批准的，保险公司可以经营的保险业务的种类。

依照保险法的规定，保险公司的业务范围包括：

1. 人身保险业务，包括人寿保险、健康保险、意外伤害保险等保险业务；

2. 财产保险业务，包括财产损失保险、责任保险、信用保险、保证保险等保险业务；

3. 国务院保险监督管理机构批准的与保险有关的其他业务。

外资保险公司经国务院保险监督管理机构按照有关规定核定，可以在核定的范围内经营大型商业风险保险业务、统括保单保险业务。

考虑到财产保险和人身保险的不同特点，两者在保险标的、保险期限、保险风险的等方面均有不同，且两者保险经营技术如保险费用厘定、保险金赔付等方面亦有诸多差异，为避免同一保险公司同时经营两种保险业务顾此失彼，保证保险业务经营的稳定与高效，保险法实行禁止保险兼业原则，原则上不允许保险公司同时经营人身保险业务和财产保险业务；但经营财产保险业务的保险公司经国务院保险监督管理机构批准，可以经营短期健康保险业务和意外伤害保险业务。

保险公司应当在国务院保险监督管理机构依法批准的业务范围内从事保险经营活动，未经批准的，不得经营相关保险业务，否则将承担相应责任。

由于再保险业务的特殊性，保险法对其经营作了特别规定。依照保险法的有关规定，经国务院保险监督管理机构批准，保险公司可以经营上述保险公司业务范围中的分出保险与分入保险。

保险业务由依照保险法设立的保险公司以及法律、行政法规规定的其他保险组织经营，其他单位和个人不得经营保险业务。

三、保险条款和保险费率监管

国务院保险监督管理机构对保险条款和保险费率进行监管。

依照保险法的规定，关系社会公众利益的保险险种、依法实行强制保险的险种和新开发的人寿保险险种等的保险条款和保险费率，应当报国务院保险监督管理机构批准。国务院保险监督管理机构审批时，应当遵循保护社会公众利益和防止不正当竞争的原则。其他保险险种的保险条款和保险费率，应当报保险监督管理机构备案。保险条款和保险费率审批、备案的具体办法，由国务院保险监督管理机构依照上述规定制定。据此，国务院保险监督管理机构对保险条款和保险费率的监管方式包括审批制和备案制，并针对不同的险种分别适用。

保险公司使用的保险条款和保险费率违反法律、行政法规或者国务院保险监督管理机构有关规定的，由保险监督管理机构责令停止使用，限期修改；情节严重的，可以在一定期限内禁止申报新的保险条款和保险费率。

四、保险公司偿付能力监管

保险公司的偿付能力，是指保险公司履行赔偿或给付责任的能力。保险公司的偿付能力是保险公司运营的关键，保险公司偿付能力的欠缺将导致保险公司破产、无法履行债务及赔偿保险金，严重损害保险公司股东、债权人、被保险人以及受益人等的利益，危害保险业的稳定与安全并损害公共利益。为此，保险法确立了一系列保险公司偿付能力监管措施与制度，主要包括提取保证金、提取责任准备金、保险保障基金的提存以及偿付能力额度监管。

（一）提取保证金

保证金，是指保险公司设立后，依法应当提取并向国务院保险监督管理机构指定的金融机构缴纳、用于担保公司的偿付能力的资金。保险公司依法提取保证金将有助于保证其偿付能力。

依照保险法的规定，保险公司应当按照其注册资本总额的20%提取保证金，存入国务院保险监督管理机构指定的银行，除公司清算时用于清偿债务外，不得动用。

（二）提取责任准备金

提取责任准备金，是指保险公司为保证其如约履行保险赔偿或给付义务而提取与其所承担责任相适应的资金。保险责任准备金包括未决赔偿准备金、已发生未报告赔款准备金、未到期责任准备金、长期责任准备金、寿险责任准备金、长期健康险责任准备金等。保险公司提取责任准备金的意义在于保证保险人能够对被保险人、受益人承担相应的责任，保护被保险人、受益人的利益，维持保险业的稳定与安全。

依照保险法的规定，保险公司应当根据保障被保险人利益、保证偿付能力的原则，提取各项责任准备金。保险公司提取和结转责任准备金的具体办法，由国务院保险监督管理机构制定。

保险公司提存的各项保险责任准备金必须真实、充足。

（三）提存保险保障基金

保险保障基金，又称保险行业风险救助资金，是指根据法律规定，由保险公司缴纳形成，在保险公司被撤销、被宣告破产或者在保险公司遇到重大危机等特定情况下，用于向投保方或者保单受让公司等提供救济的法定基金。保险保障基金由专门设立的保险保障基金公司依法负责筹集、管理和使用。保险保障基金的意义在于解决保险公司年度业务上可能出现的重大波动、解决巨额灾难的分摊问题，以保证保险行业经营的稳定性，最终维护被保险人、受益人的利益。

依照保险法的规定，保险公司应当缴纳保险保障基金。保险保障基金应当集中管理，并在下列情形下统筹使用。

一是在保险公司被撤销或者被宣告破产时，向投保人、被保险人或者受益人提供救济；

二是在保险公司被撤销或者被宣告破产时，向依法接受其人寿保险合同的保险公司提供救济；

三是国务院规定的其他情形。

保险保障基金筹集、管理和使用的具体办法，由国务院制定。

（四）偿付能力额度监管

偿付能力额度，是指保险公司履行赔偿或给付责任能力的指标化和量化。保险业监督管理机构可以根据保险公司的偿付能力额度，对其偿付能力加以确定与判断，在保险业监督管理机构认为某一保险公司的偿付能力额度过低时，则会要求其采取相应的措施提高其偿付能力额度直至达到安全水准。我国亦对保险公司偿付能力额度进行监管，要求保险公司必须具有与其业务规模和风险程度相适应的偿付能力。

依照保险法的规定，保险公司应当具有与其业务规模和风险程度相适应的最低偿付能力。保险公司的认可资产减去认可负债的差额不得低于国务院保险监督管理机构规定的数额；低于规定数额的，应当按照国务院保险监督管理机构的要求采取相应措施达到规定的数额。

对偿付能力不足的保险公司，国务院保险监督管理机构应当将其列为重点监管对象，并可以根据具体情况采取下列措施：（1）责令增加资本金、办理再保险；（2）限制业务范围；（3）限制向股东分红；（4）限制固定资产购置或者经营费用规模；（5）限制资金运用的形式、比例；（6）限制增设分支机构；（7）责令拍卖不良资产、转让保险业务；（8）限制董事、监事、高级管理人员的薪酬水平；（9）限制商业性广告；（10）责令停止接受新业务。

五、保险公司经营风险监管

保险行业实则为经营、处理风险的行业，投保人通过订立保险合同，将被保险人所承担的风险转移给保险人。但是，同一保险人同时承受过多的风险将危及保险公司的经营管理，影响保险业的安全与稳定。为此，有必要对保险公司的经营风险加以监管。保险法通过保险公司自留保险费总额的限制与保险公司单一承保责任的限制控制保险公司的经营风险。

（一）自留保险费总额的限制

自留保险费，是指保险人核保、收取保险费后，除去因分保而支付的再保险费所剩余的保险费。在保险公司实收资本金和公积金总和不变的情况下，保险公司自留保险费数额越低，保险公司每一单位的自有资本承担的风险就越小，保险公司的稳定性就越好；反之，保险公司每一单位的自有资本承担的风险就越大，保险公司不稳定性就越高。对此，应当控制保险公司自留保险费与保险公司实收资本金和公积金总和的比例。

依照保险法的规定，经营财产保险业务的保险公司当年自留保险费，不得超过其实有资本金加公积金总和的四倍。

（二）单一承保责任的限制

单一承保责任，是指每一危险单位可能承担的最大损失。限制单一承保责任，是为了控制保险公司承担单笔业务所需要承担的风险。

依照保险法的规定，保险公司对每一危险单位，即对一次保险事故可能造成的最大损失范围所承担的责任，不得超过其实有资本金加公积金总和的10%；超过的部分应当向具有办理再保险资格的保险组织办理再保险。保险公司对危险单位的划分应当符合国务院保险监督管理机构的规定。

同时，为了防止保险公司不合理的划定“危险单位”的标准，保险法规定，保险公司对危险单位的划分方法和巨灾风险安排方案，应当报国务院保险监督管理机构备案。

六、保险公司资金运用监管

保险公司资金运用，是指保险公司在经营过程中，将积聚的部分保险资金用于投资或融资，使其收益增值的活动。为了避免因资金运用不当危及保险公司的偿付能力，损害被保险人、受益人甚至公共利益，影响保险职能发挥，需要对保险公司的资金运用加以监管。

依照保险法的规定，保险公司的资金运用必须稳健，遵循安全性原则。

保险公司的资金运用限于下列形式：（1）银行存款；（2）买卖债券、股票、证券投资基金份额等有价证券；（3）投资不动产；（4）国务院规定的其他资金运用形式。

国务院保险监督管理机构依照稳健性、安全性原则，制定保险公司资金运用的具体管理办法。据此，保险公司应当在保证资金保值的前提下，依照保险法以及相关规定，主要进行低风险性的投资项目。

保险公司资金运用模式主要有内设投资部门投资模式、委托外部机构投资模式、专业化控股模式等。此外，保险公司还可以设立保险资产管理公司进行保险资金运用。依照保险法的规定，保险公司设立保险资产管理公司进行保险资金运用的，应当经国务院保险监督管理机构批准。

七、保险公司关联交易及信息披露监管

依照保险法及相关规定，保险公司应当按照国务院保险监督管理机构的有关规定，建立对关联交易的管理和信息披露制度。保险公司的重大关联交易应当按照规定及时向国务院保险监督管理机构报告。此外，除经国务院保险监督管理机构批准外，外资保险公司不得与其关联企业进行资产买卖或者其他交易。

保险公司的控股股东、实际控制人、董事、监事、高级管理人员不得利用关联交易损害公司的利益。

保险公司应当按照国务院保险监督管理机构的规定，真实、准确、完整地披露财务会计报告、风险管理状况、保险产品经营情况等重大事项。

八、保险业务行为禁止

保险公司及其工作人员在从事保险业务活动中，应当诚实守信、遵纪守法。依照保险法的相关规定，保险公司及其工作人员在保险业务活动中不得有下列行为。

1. 欺骗投保人、被保险人或者受益人；

2. 对投保人隐瞒与保险合同有关的重要情况；

3. 阻碍投保人履行本法规定的如实告知义务，或者诱导其不履行本法规定的如实告知义务；

4. 给予或者承诺投保人、被保险人、受益人保险合同约定以外的保险费回扣或者其他利益；

5. 拒不依法履行保险合同约定的赔偿或者给付保险金义务；

6. 故意编造未曾发生的保险事故、虚构保险合同或者故意夸大已经发生的保险事故的损失程度进行虚假理赔，骗取保险金或者牟取其他不正当利益；

7. 挪用、截留、侵占保险费；

8. 委托未取得合法资格的机构从事保险销售活动；

9. 利用开展保险业务为其他机构或者个人牟取不正当利益；

10. 利用保险代理人、保险经纪人或者保险评估机构，从事以虚构保险中介业务或者编造退保等方式套取费用等违法活动；

11. 以捏造、散布虚假事实等方式损害竞争对手的商业信誉，或者以其他不正当竞争行为扰乱保险市场秩序；

12. 泄露在业务活动中知悉的投保人、被保险人的商业秘密；

13. 违反法律、行政法规和国务院保险监督管理机构规定的其他行为。

九、保险公司的整顿与接管

保险公司的整顿与接管，是保险监督管理机构对保险企业的经营活动采取的特殊的监管措施。目的是恢复保险企业的正常经营活动，保护被保险人的合法利益，避免因保险企业的经营困难引起保险市场秩序的混乱，维持保险市场正常稳定的发展。保险法对保险公司整顿与接管作了较为详细的规定。

（一）保险公司的整顿

保险公司的整顿，是指在保险公司存在违反保险法规定的行为，并且在国务院保险监督管理机构规定的期限内未改正的情况下，国务院保险监督管理机构采取必要的措施对该保险公司进行整治、监督，介入其日常经营管理的行为。

依照保险法的规定，保险公司未依照保险法规定提取或者结转各项责任准备金，或者未依照保险法规定办理再保险，或者严重违反保险法关于资金运用的规定的，由保险监督管理机构责令限期改正，并可以责令调整负责人及有关管理人员。保险监督管理机构依上述规定作出限期改正的决定后，保险公司逾期未改正的，国务院保险监督管理机构可以决定选派保险专业人员和指定该保险公司的有关人员组成整顿组，对公司进行整顿。整顿决定应当载明被整顿公司的名称、整顿理由、整顿组成员和整顿期限，并予以公告。

整顿组有权监督被整顿保险公司的日常业务，但整顿并不改变保险公司的负责人及其管理人员。被整顿公司的负责人及有关管理人员在整顿组的监督下继续行使职权。

整顿的目的即在于使保险公司恢复正常运作，为此，整顿过程中，被整顿保险公司的原有业务继续进行。但是，国务院保险监督管理机构可以责令被整顿公司停止部分原有业务、停止接受新业务，调整资金运用。

被整顿保险公司经整顿已纠正其违反本法规定的行为，恢复正常经营状况的，由整顿组提出报告，经国务院保险监督管理机构批准，结束整顿，并由国务院保险监督管理机构予以公告。

（二）保险公司的接管

保险公司的接管，是指在保险公司违反保险法规定的行为，并且造成比较严重后果的情况下，国务院保险监督管理机构采取必要措施，代为行使该保险公司的经营管理权力，以保护被保险人的利益，恢复保险公司正常经营的行为。保险公司接管的力度大于整顿，接管意味着接管组织全面掌握和支配保险公司的财产和经营行为。

依照保险法的有关规定，保险公司有下列情形之一的，国务院保险监督管理机构可以对其实行接管：（1）公司的偿付能力严重不足的；（2）违反保险法规定，损害社会公共利益，可能严重危及或者已经严重危及公司的偿付能力的。由于接管组织仅是代为行使被接管保险公司的经营管理的权力，故被接管的保险公司的债权债务关系不因接管而变化。

接管组的组成和接管的实施办法，由国务院保险监督管理机构决定，并予以公告。

决定的接管期限届满，国务院保险监督管理机构可以决定延长接管期限，但接管期限最长不得超过 2 年。

接管组对保险公司进行接管并不一定意味着保险公司能够恢复正常的经营能力。接管期限届满，如果被接管的保险公司已恢复正常经营能力的，由国务院保险监督管理机构决定终止接管，并予以公告；如果被整顿、被接管的保险公司有《中华人民共和国企业破产法》第 2 条规定情形的，国务院保险监督管理机构可以依法向人民法院申请对该保险公司进行重整或者破产清算。

【相关案例】

浙商财产保险股份有限公司违法案

依据保险法的有关规定，中国银保监会对浙商财产保险股份有限公司（以下简称“浙商财险”）违法一案进行了调查、审理。经查，浙商财险存在以下违法行为。

一是未按规定办理再保险。2014 年，浙商财险承保两笔保证保险业务，保额均为人民币5.73亿元。根据浙商财险2014年度资产负债表，单一风险单位即每笔私募债占比超过保险法规定实有资本金加公积金总和的10%。

二是未按照规定使用经批准或者备案的保险条款、保险费率。

三是未按规定提取准备金。

四是聘任不具有任职资格的人员。自2016年6月起，孙大庆在未获得保监会高管任职资格的情况下，多次参加并主持公司总经理办公会，以总公司领导身份持续多次签批文件等。

五是内控管理未形成有效风险控制。信用保证保险方面存在内控制度不完善、制度执行不到位等问题，理赔系统方面存在未决估损金额调整的相关设置存在漏洞、对于超时延迟立案情况未进行强制立案的相关设置等问题。

中国银保监会认为，上述事实证据充足，且经复核对浙商财险提出的申辩意见不予采纳。因此，对浙商财险的违法行为依法作出行政处罚。

【法条指引】

中华人民共和国保险法（节录）

第一百三十三条 保险监督管理机构依照本法和国务院规定的职责，遵循依法、公开、公正的原则，对保险业实施监督管理，维护保险市场秩序，保护投保人、被保险人和受益人的合法权益。

第一百三十四条 国务院保险监督管理机构依照法律、行政法规制定并发布有关保险业监督管理的规章。

第五章

外资保险公司的特别规定

为保证中国保险市场的平稳健康、开放发展，给予有意进入中国保险市场的外国投资者清晰明了的方向，中国保险法律制度根据外国资本的特点、结合中国保险市场的实际情况，本着互惠互利的态度就外资保险公司作出了一些特别规定。在没有特别规定的情况下，有关外资保险公司的事项适用中国保险法律制度的一般规则。

第一节　代表机构

【规则要点】

外国保险机构驻华代表机构（简称“代表机构”），是指在中国境外注册的保险公司、再保险公司、保险中介机构、保险协会及其他保险组织在中国境内获准设立并从事联络、市场调查等非经营性活动的代表处、总代表处。依据《中华人民共和国外资保险公司管理条例》，在中国境内已设立代表机构两年以上是外资保险公司设立的必要条件。

【理解与适用】

一、代表机构概述

（一）适用范围

本节就代表机构的内容基于《外国保险机构驻华代表机构管理办法》（以下简称《代表机构管理办法》）的有关规定。该办法适用于外国保险机构在中国境内获准设立并从事联络、市场调查等非经营性活动的代表处、总代表处。

由于中国实行“一国两制”制度，为贯彻“一国两制”制度的价值理念，保证我国香港、澳门特别行政区以及台湾地区的平稳发展、长治久安，根据“一国两制”的制度特点，前述特别行政区、地区的保险机构在内地设立代表机构的，比照适用上述管理办法。

此外，经国务院保险监督管理机构批准设立的外国保险机构驻华办事处亦比照适用上述办法。

（二）首席代表与总代表

外国保险机构在中国境内设立 2 个以上代表处的，可以指定其中一个代表处为总代表处，但应当依法向国务院保险监督管理机构申请将该代表处名称变更为总代表处。

代表处的主要负责人为首席代表，而总代表处的主要负责人为总代表。

（三）中文本的提供

外国保险机构就其在中国设立的代表处的有关事项，需要向中国有关行政部门、机构提交材料的，应当使用中文。

外国保险机构所在国家或者地区提供的材料为外文的，应当附上中文译本，并且若中文译本与外文有歧义，将以中文译本为准。

（四）期间

本节中有关批准、报告期间的内容指工作日，不含节假日，特在此说明。

二、代表机构的设立、变更与撤销

（一）代表机构的设立

1. 设立条件

依照有关规定，外国保险机构在中国境内设立代表机构的，该代表机构应当具备下列条件。

（1）经营状况良好；

（2）外国保险机构经营有保险业务的，应当持续经营保险业务 20 年以上，且其吸收合并其他机构或者与其他机构合并设立新保险机构的行为不影响其经营保险业务年限的计算；没有经营保险业务的，应当成立 20 年以上；

(3) 申请之日前3年内无重大违法违规记录；

(4) 国务院保险监督管理机构规定的其他审慎性条件。

外国保险机构子公司经营保险业务的年限，自该子公司设立时开始计算。

外国保险集团公司经营保险业务的年限，以下列两项时间中较早的一项时间开始计算。

(1) 该集团开始经营保险业务的时间；

(2) 该集团中经营保险业务的子公司开始经营保险业务的时间。

2. 申请材料

申请设立代表机构的，应当提交下列材料。

(1) 正式申请表，该表由国务院保险监督管理机构提供；

(2) 由董事长或者总经理签署的致国务院保险监督管理机构主席的申请书；

(3) 所在国家或者地区有关主管当局核发的营业执照或者合法开业证明或者注册登记证明的复印件；

(4) 机构章程，董事会成员名单、管理层人员名单或者主要合伙人名单；

(5) 申请之日前3年的年报；

(6) 所在国家或者地区有关主管当局出具的对申请者在中国境内设立代表处的意见书，或者由所在行业协会出具的推荐信、意见书或者推荐信应当陈述申请者在出具意见书或者推荐信之日前3年受处罚的记录；

(7) 代表机构设立的可行性和必要性研究报告；

(8) 由董事长或者总经理签署的首席代表授权书；

(9) 申请者就拟任首席代表在申请日前3年没有因重大违法违规行为受到所在国家或者地区处罚的声明；

(10) 拟任首席代表的简历；

(11) 国务院保险监督管理机构规定提交的其他资料。

申请者提交的材料应当真实有效。

3. 受理与审查

对拟设代表处的申请，国务院保险监督管理机构应当根据下列情况分别处理。

（1）申请材料存在可以当场更正错误的，应当允许申请人当场更正；

（2）申请材料不齐全或者不符合法定形式的，应当当场或者在5日内一次告知申请人需要补正的全部内容，逾期不告知的，自收到申请材料之日起即为受理；

（3）申请材料齐全、符合法定形式，或者申请人按照要求提交全部补正申请材料的，应当受理申请。

国务院保险监督管理机构应当就其受理或者不予受理申请的行为，出具加盖专用印章和注明日期的书面凭证。

国务院保险监督管理机构根据审慎性原则对设立代表处的申请进行审查，并应当自受理申请之日起20日内，作出批准或者不予批准的决定。20日内不能作出决定的，经国务院保险监督管理机构主席批准，可以延长10日，并应当将延长期限的理由告知申请人。

决定批准的，颁发批准书；决定不予批准的，应当书面说明理由。外国保险机构未经批准擅自设立代表机构的，应当依法承担相应的法律责任，且该代表机构也将由国务院保险监督管理机构依法予以取缔。

4. 书面报告

经批准的代表处应当在其领取批准书后依法办理工商登记。

为确保代表处具有满足进行代表活动的基本保障，保证其正常有序开展代表活动，代表处应当自领取批准书之日起3个月内迁入固定的办公场所，并向国务院保险监督管理机构书面报告下列事项。

（1）工商登记注册证明；

（2）办公场所的合法使用权证明；

（3）办公场所电话、传真、邮政通信地址；

（4）首席代表移动电话、电子邮箱。

此外，代表处应当有独立、固定的办公场所和专职的工作人员。

代表处自领取批准书之日起3个月内未向中国保监会提交书面报告的，视为未迁入固定办公场所，原批准书自动失效。

（二）代表机构的变更

1. 总代表或首席代表的变更

代表机构更换总代表或者首席代表的，应当向国务院保险监督管理机构申请，并提交下列材料。

（1）由其代表的外国保险机构董事长或者总经理签署的致国务院保险监督管理机构主席的申请书；

（2）由其代表的外国保险机构董事长或者总经理签署的拟任总代表或者首席代表的授权书；

（3）拟任总代表或者首席代表的身份证明、学历证明和简历；

（4）国务院保险监督管理机构规定的其他材料。

国务院保险监督管理机构应当自受理申请之日起20日内，作出批准或不予批准的决定。决定批准的，办理批准书；决定不予批准的，应当作出书面决定并说明理由。

2. 名称的变更

代表机构变更名称，应当向国务院保险监督管理机构申请，并提交下列材料。

（1）名称变更申请表，该表由国务院保险监督管理机构提供；

（2）由其所代表的外国保险机构董事长或者总经理签署的致国务院保险监督管理机构主席的申请书；

（3）国务院保险监督管理机构规定的其他材料。

国务院保险监督管理机构应当自受理申请之日起20日内，作出批准或不予批准的决定。决定批准的，办理批准书；决定不予批准的，应当作出书面决定并说明理由。

代表处经批准变更为总代表处的，总代表处应当自中国国务院保险监督管理机构批准变更之日起1个月内依法办理有关工商变更登记。

3. 办公场所的变更

代表机构只能在所在城市的行政辖区内变更办公场所，并应当自变更之日起5日内向国务院保险监督管理机构和当地国务院保险监督管理机构派出机构书面报告下列事项。

（1）新办公场所合法使用权证明；

（2）新办公场所电话、传真、邮政通信地址。

上述所称变更办公场所包括原有办公场所的搬迁、扩大、缩小或者新增办公场所等情形。

4. 普通工作人员的变更

代表机构更换或者增减代表、副代表、外籍工作人员，应当自更换或者增减人员之日起5日内向当地国务院保险监督管理机构派出机构报告，并提交被任命人员的身份证明、学历证明和简历。

（三）代表机构的撤销

1. 撤销的程序

外国保险机构根据自身情况与需要，可以撤销其代表机构。有关代表机构应当自撤销之日起20日内，向国务院保险监督管理机构书面报告下列事项。

（1）撤销代表机构的情况说明；

（2）外国保险机构撤销代表机构文件的复印件。

外国保险机构的代表处撤销后，总代表处是其唯一驻中国境内的代表机构的，总代表处应当依法向国务院保险监督管理机构申请将总代表处名称变更为代表处。总代表处经批准变更为代表处的，代表处应当自国务院保险监督管理机构批准变更之日起1个月内依法办理工商变更登记。

2. 撤销后未了事宜的处理

代表处撤销后，其代表的外国保险机构设有总代表处的，由总代表处负责未了事宜；没有设立总代表处的，由其代表的外国保险机构的其他代表处负责未了事宜；其代表的外国保险机构的所有代表机构均已撤销的，由其代表的外国保险机构负责未了事宜。

三、代表机构的监督管理

中国保险监督管理机构及其派出机构依法对代表机构进行监督管理，以保证中国保险市场的良好平稳发展及代表机构依法开展有关活动。

（一）名称的要求

作为依法设立的代表机构，为避免不必要的误解，使有关人员清楚代表机构的活动范围、人员构成等情况，《代表机构管理办法》就代表机构及有关人员的名称作出了要求。

依照该办法，代表处的名称应当依次由下列内容组成：“外国保险机构所属国家或者地区名称”“外国保险机构名称”“所在城市名称”“代表处”；总代表处的名称应当依次由下列内容组成：“外国保险机构所属国家或者地区名称”“外国保险机构名称”“驻中国总代表处”。

此外，代表机构除主要负责人外，其他主要工作人员应当称“代表”“副代表”。

（二）人员的要求

为保证代表机构依法正常开展有关活动，代表机构工作人员应当遵守中国的法律法规，品行良好，无重大违法违规记录。

1. 履职能力的要求

代表机构的总代表和首席代表应当具备履行职责所需的学历、从业经历和工作能力。具体而言，总代表应当具备 8 年以上工作经历、大学专科以上学历；首席代表应当具备 5 年以上工作经历、大学专科以上学历。如果总代表和首席代表不具备大学专科以上学历，那么其应当具备 10 年以上的保险从业经历。

2. 履职时间的要求

代表机构的总代表或首席代表不得在 2 个以上代表机构中任职；也不得在中国境内任何经营性机构中任职。

总代表或首席代表应当常驻代表机构主持日常工作，并且常驻时间每年累计不得少于 240 日。

总代表或者首席代表离开代表机构的，每次离开时间不得连续超过 30 日；离开代表机构连续超过 14 日的，应当指定专人代行其职，并向当地国务院保险监督管理机构派出机构书面报告。

3. 外籍工作人员数量限制

依照《代表机构管理办法》的规定，每个代表机构的外籍工作人员最多不得超过 3 人。

（三）从事活动的要求

代表机构的活动范围仅限于从事联络、市场调查等非经营性活动，其工作人员不得以任何方式从事或者参与经营型活动。否则，代表机构及其工作人员将依法承担相应的法律责任。

此外，代表机构应当在每年 2 月底前向当地国务院保险监督管理机构派出机构报送上一年度的工作报告一式两份，由国务院保险监督管理机构派出机构转报国务院保险监督管理机构。该工作报告应当按国务院保险监督管理机构规定的格式填写。

（四）外国保险机构有关情况的如实、及时告知义务

作为外国保险机构了解中国保险市场、为其在中国境内从事保险活动

做准备的代表组织，有关外国保险机构的情况对代表机构活动的顺利展开极其重要。因此，当外国保险机构发生有关情况时，其应当依法向国务院保险监督管理机构或其派出机构如实告知，否则将依法承担相应的法律责任。

依照《代表机构管理办法》的规定，代表机构每年在其代表的外国保险机构会计年度结束后的6个月内，应当分别向国务院保险监督管理机构和当地国务院保险监督管理机构派出机构报送其所代表的外国保险机构上一年度的年报。

此外，代表机构代表的外国保险机构有下列情形之一的，代表机构应当自事件发生之日起10日内，向国务院保险监督管理机构提交书面报告，同时抄报当地国务院保险监督管理机构派出机构。

其一，公司章程、注册资本或者注册地址变更；

其二，分立、合并或者主要负责人变动；

其三，经营严重亏损；

其四，因违法、违规行为受到处罚；

其五，外国保险机构所在国家或者地区的有关主管当局对其实施重大监管措施；

其六，对经营有重大影响的其他事项。

（五）谈话及检查

为及时、准确地了解代表机构的活动情况等有关情况，国务院保险监督管理机构及其派出机构享有对代表机构的总代表或者首席代表进行监管谈话，提示风险，并要求其就有关问题作出说明的权力。

此外，国务院保险监督管理机构及其派出机构有权对代表机构进行日常和年度检查。日常和年度检查的内容包括以下几个方面。

一是代表机构变更事项的手续是否完备；

二是各项申报材料的内容与实际情况是否相符；

三是代表机构工作人员的任用或者变更手续是否完备；

四是代表机构是否从事经营性活动；

五是国务院保险监督管理机构及其派出机构认为需要检查的其他事项。

（六）法律责任

外国保险机构及其代表机构与有关人员违反中国有关法律法规及规章

的，国务院保险监督管理机构或其派出机构有权对其处以取缔、警告、罚款等行政措施。

需要注意的是，代表机构受到国务院保险监督管理机构或者当地国务院保险监督管理机构派出机构3次以上行政处罚，或者从事、参与经营性活动违法所得数额巨大，危害严重的，国务院保险监督管理机构可以将其受处罚的情况作为其所代表的外国保险机构申请在中国设立外资保险公司的审慎性条件予以考虑，从而影响该外国保险机构在中国境内设立外资保险公司的成功与否。

【风险提示】

代表机构的申请人员领取国务院保险监督管理机构就其代表处设立申请颁发的批准书后，务必及时依照规定向国务院保险监督管理机构书面报告，否则将因上述批准书失去效力而无法设立代表处。

【相关案例】

法国教育健康相互保险公司设立北京代表处的申请

近年，法国教育健康相互保险公司向中国国务院保险监督管理机构申请设立北京代表处。

中国国务院保险监督管理机构中国银保监会经审核后，批准该外国保险公司设立北京代表处，其名称为“法国教育健康相互保险公司北京代表处”（French Education Health Mutual Insurance Company Beijing Representative Office）；并批准其申请的有关人员担任该代表处首席代表。

【法条指引】

外国保险机构驻华代表机构管理办法（节录）

第二条 本办法所称外国保险机构，是指在中国境外注册的保险公司、再保险公司、保险中介机构、保险协会及其他保险组织。

本办法所称代表机构，是指外国保险机构在中国境内获准设立并从事联络、市场调查等非经营性活动的代表处、总代表处。

本办法所称首席代表，是指代表处的主要负责人；本办法所称总代表，是指总代表处的主要负责人。

第三十九条　当地中国保监会派出机构应当及时将对代表机构处罚的情况向中国保监会报告。

代表机构受到中国保监会或者当地中国保监会派出机构3次以上行政处罚，或者从事、参与经营性活动违法所得数额巨大，危害严重的，中国保监会可以将其受处罚的情况作为其所代表的外国保险机构申请在中国设立外资保险公司的审慎性条件予以考虑。

第四十三条　本办法所称“以上”、“以下”、“以内”，包括本数。

第二节　外资保险公司

【规则要点】

外资保险公司属于中国保险法规定的保险公司中的一种，受中国保险法及相关法律、行政法规、规章调整，故在《中华人民共和国外资保险公司管理条例》（以下简称《外资保险公司管理条例》）及其实施细则对相关事项没有规定时，适用中国法律、行政法规、规章对保险公司的一般性规定。

【理解与适用】

一、外资保险公司概述

（一）外资保险公司的种类

依照《外资保险公司管理条例》的规定，外资保险公司，是指依照中华人民共和国有关法律、行政法规的规定，经批准在中国境内设立和营业的下列保险公司。

1. 在中国境外注册、经营保险业务的保险公司（以下简称“外国保险公司”）同中国的公司、企业在中国境内合资经营的保险公司，即合资保险公司；

2. 外国保险公司在中国境内投资经营的外国资本保险公司，即外资独资保险公司；

3. 外国保险公司在中国境内的分公司，即外国保险公司分公司。

由于中国实行“一国两制”制度，根据“一国两制”的制度特点，中国香港特别行政区、澳门特别行政区和台湾地区的保险公司在内地设立和营业的保险公司，比照适用有关法律法规、规章对外资保险公司的规定，法律、行政法规或行政协议对其另有规定的，适用有关规定。

（二）中文本的提供

外资保险公司依法需要提交、报送的文件、资料和书面报告。应当提供中文本；中外文本表述不一致的，以中文本为准。

（三）期限

国务院保险监督管理机构须根据外资保险公司依法提交的资料进行有关审查的，有关审查期限从有关资料送达国务院保险监督管理机构之日起计算。申请人提交的申请文件不全、需要补交资料的，有关审查期限从申请人的补交资料送达国务院保险监督管理机构之日起重新计算。

此外，外资保险公司有关批准、报告期限中期间的规定是指工作日，不包含节假日。

二、外资保险公司的设立

（一）外资保险公司设立的条件

作为保险公司的一种，外资保险公司的设立同样需要经国务院保险监督管理机构批准。

1. 外资保险公司活动资金的要求

为保证外资保险公司能够在设立后正常开展保险业务，保护投保人、被保险人等主体的利益，外资保险公司应当依法具有相应的资金保证其活动。就该活动资金的要求，法律根据外资保险公司种类的不同要求其表现为实缴注册资本或营运资金。

合资保险公司、独资保险公司的注册资本最低限额为 2 亿元人民币或者等值的自由兑换货币，且该注册资本最低限额必须为实缴货币资本。

此外，经营人身保险业务的合资保险公司（以下简称“合资寿险公司”）中，外资比例或外国保险公司直接或间接持有的股份不得超过公司总股本的50%。

外国保险公司分公司应当由其总公司无偿拨给不少于2亿元人民币或者等值的自由兑换货币的营运资金，且该营运资金必须是实缴货币。外国保险公司分公司成立后，外国保险公司不得以任何形式抽回营运资金。

需要注意的是，在2004年6月15日（《中华人民共和国外资保险公司管理条例实施细则》初次颁布并实施之时）前在中国境内设立的外资保险公司，其注册资本或者营运资金不足2亿元人民币或者其等值的自由兑换货币的，应当在该日后2年内缴足；否则，国务院保险监督管理机构将对其开展新业务的申请不予批准。

另外，国务院保险监督管理机构根据外资保险公司业务范围、经营规模，可以提高上述规定的外资保险公司注册资本或者营运资金的最低限额。

如2018年11月25日，中国银保监会批准安联集团和集友银行在中国金融市场“安家落户”，安联（中国）保险控股（作为100%外资的保险控股公司）成为我国首家外资保险控股公司。今后，中国银保监会将在持续提升风险防范水平和监管能力的基础上稳步扩大对外开放，支持外资更广泛参与中国金融市场发展。

中国银保监会负责人表示，此轮银行和保险业扩大开放有以下突破。

突破一：外资金融机构和中国国内投资者享有同样的国民待遇，取消外资金融机构投资中资银行金融机构股权比例的特别限制。

突破二：取消外资银行开设分行或子行的等待时间，可以直接申请。

突破三：取消外资银行开办人民币业务的等待时间限制，不需要先开办外币业务，再开办人民币业务。

突破四：取消外资银行只能设立分行或只能设立子行的单一选择限制。

突破五：同时允许外资金融机构入股金融资产管理公司、金融理财公司、消费金融公司、汽车金融公司等非银行金融机构，而且不设投资比例限制。

突破六：允许外资投资者直接投资人身保险公司，股权比例可以提高到51%，3年后，将取消这一上限，同时允许外国投资者来华经营保险的代理业务和公估业务。

2. 有关外国保险公司的要求

由于跨国设立保险公司、经营保险业务难度较高、困难较大，需要参与的外国保险公司具有雄厚的经济实力、成熟的经验技术以及高水平的诚信品质。为了保证外资保险公司的正常运作、确保其业务正常开展、保护中国投保人、被保险人的利益、维护中国保险市场的稳定，《外资保险公司管理条例》对申请设立外资保险公司的外国保险公司作出了一定的要求。

（1）经营保险业务30年以上。这是指外国保险公司持续经营保险业务30年以上，包括外国保险公司吸收合并其他机构或者与其他机构合并设立新保险公司的情形；外国保险公司子公司的经营保险业务年限，从该子公司设立时开始计算。

（2）在中国境内已经设立代表机构2年以上。该代表机构是指经国务院保险监督管理机构批准的外国保险公司设立的代表机构或外国保险公司所在的集团公司设立的代表机构。此外，外国保险公司或者其所在的集团公司设立的代表机构，只能适用于申请设立一家外资保险公司。

（3）提出设立申请当日的上一个会计年度末总资产不少于50亿美元。

（4）所在国家或者地区有完善的保险监管制度，并且该外国保险公司已经受到所在国家或者地区有关主管当局的有效监管。

（5）符合所在国家或者地区偿付能力标准。

（6）所在国家或者地区有关主管当局同意其申请。

（7）国务院保险监督管理机构规定的其他审慎性条件，至少包括法人治理结构合理、风险管理体系稳健、内部控制制度健全、管理信息系统有效以及经营状况良好，无重大违法违规记录。

3. 中国申请人的要求

拟设立合资保险公司的，除法律、行政法规另有规定或经国务院批准外，参与的中国申请人也应当符合一定的条件。

（1）经市场监督管理部门登记注册的具有法人资格的公司或者企业，但商业银行、证券机构以及依照中国有关法律在中国境内设立的全部资本由外国投资者投资的企业除外。

（2）经企业行政主管机关或者其股东会批准。

（3）经营状况良好，且申请日的上一个会计年度为盈利。

（4）以自有资金出资，来源合法。

（二）外资保险公司设立的程序

外资保险公司设立的程序主要包括初步申请、筹建、正式申请以及工商登记。

1. 初步申请

首先，申请人应当向国务院保险监督管理机构提出书面申请，并提交下列资料。

（1）申请人法定代表人签署的申请书，其中设立合资保险公司的，申请书由合资各方法定代表人共同签署。

（2）外国申请人所在国家或者地区有关主管当局核发的营业执照（副本）、对其符合偿付能力标准的证明及对其申请的意见书。

申请人不能提供营业执照（副本）的，可以提供营业执照的有效复印件或者有关主管当局出具的该申请人有权经营保险业务的书面证明，该营业执照（副本）或者营业执照的有效复印件应当真实有效。

另外，外国申请人所在国家或者地区有关主管当局对其符合偿付能力标准的证明，应当包括在有关主管当局出具证明之日的上一个会计年度，该申请人的偿付能力符合该国家或者地区的监管要求的内容或者在有关主管当局出具证明之日的上一个会计年度中，该申请人没有不符合该国家或者地区偿付能力标准的记录内容。

外国申请人所在国家或者地区有关主管当局对其申请的意见书，应当包括该申请人申请在中国境内设立保险机构是否符合该国家或者地区的法律规定的内容、是否同意该申请人的申请内容以及在有关主管当局出具意见之日的前3年，该申请人受处罚的记录内容。

（3）外国申请人的公司章程、最近3年的年报。

该年报应当包括申请人在申请日的前3个会计年度的资产负债表、利润表和现金流量表，且上述报表应当附由申请人所在国家或者地区认可的会计师事务所或者审计师事务所出具的审计意见书。

（4）设立合资保险公司的中国申请人的有关资料。

主要包括营业执照（副本）、公司或者企业的章程、业务结构、经营历史、最近3年的年报以及最近3年受处罚的记录。

（5）拟设公司的可行性研究报告及筹建方案。

（6）拟设公司的筹建负责人员名单、简历和任职资格证明。

筹建负责人应当具有大专以上学历、从事保险或相关工作二年以上并且没有违法犯罪记录。

（7）国务院保险监督管理机构规定提供的其他资料。

2. 初步审查

国务院保险监督管理机构应当对设立外资保险公司的申请进行初步审查，自收到完整的申请文件之日起6个月内作出受理或者不受理的决定。决定受理的，发给正式申请表；决定不受理的，应当书面通知申请人并说明理由。

3. 筹建

收到正式申请表的，申请人应当自接到正式申请表之日起1年内完成筹建工作；在规定的期限内未完成筹建工作，有正当理由的，应当在筹建期期满之日的前1个月以内向国务院保险监督管理机构提交书面申请并说明理由，经国务院保险监督管理机构批准，可以延长3个月。在延长期内仍未完成筹建工作的，国务院保险监督管理机构作出的受理决定自动失效。

筹建工作完成后，申请人应当将填写好的申请表连同下列文件报国务院保险监督管理机构审批：

（1）筹建报告。该报告应当对该条其他各项的内容作出综述。

（2）拟设公司的章程。

（3）拟设公司的出资人及其出资额。

（4）符合国务院保险监督管理机构要求的会计师事务所出具的验资证明，包括其出具的验资报告和注册资本或者营运资金的银行原始入账凭证的复印件。

（5）对拟任该公司主要负责人的授权书，是指由外国保险公司董事长或者总经理签署的、对拟任外国保险公司分公司总经理的授权书，该授权书应当真实有效，并应当明确记载被授权人的权限范围。应当注意的是，该授权书的提交要求仅针对拟设立外国保险公司分公司的申请人，而不约束拟设立的合资保险公司与独资保险公司的申请人。

（6）拟设公司的高级管理人员名单、简历和任职资格证明。拟设公司的高级管理人员，应当符合国务院保险监督管理机构规定的任职资格条件；外国保险公司分公司的高级管理人员，应当具备保险公司总公司高级管理人员的任职资格条件。

（7）拟设公司未来3年的经营规划和分保方案。

（8）拟在中国境内开办保险险种的保险条款、保险费率及责任准备金的计算说明书。

（9）拟设公司的营业场所和与业务有关的其他设施的资料。其中，营业场所的资料，是指营业场所所有权或者使用权的证明文件；与业务有关的其他设施的资料，至少包括计算机设备配置、网络建设情况以及信息管理系统情况。

（10）设立外国保险公司分公司的，其总公司对该分公司承担税务、债务的责任担保书，该责任担保书应当真实有效。

（11）设立合资保险公司的，其合资经营合同。

（12）国务院保险监督管理机构规定提供的其他文件。

国务院保险监督管理机构应当自收到设立外资保险公司完整的正式申请文件之日起60日内，作出批准或者不批准的决定。决定批准的，颁发经营保险业务许可证；决定不批准的，应当书面通知申请人并说明理由。

4. 工商登记

经批准设立外资保险公司的，申请人凭经营保险业务许可证向市场监督管理机关办理登记，领取营业执照。至此，外资保险公司成立。

三、外资保险公司分支机构的设立

外资保险公司可以根据其需要，设立外资保险公司的分支机构。分支机构不具有独立法人人格，分支机构的民事权利义务由相应的具有独立法人人格的外资保险公司或设立外国保险公司分公司的外国保险公司总公司承担。

（一）外资保险公司分支机构的种类

依据《中华人民共和国外资保险公司管理条例实施细则》（以下简称《外资保险公司管理条例实施细则》）的规定，外资保险公司的分支机构依层级可分为分公司、中心支公司、支公司、营业部或营销服务部。

该规定不要求保险公司逐级设立分支机构，但其在住所地以外的各省、自治区、直辖市开展业务，应当首先设立分公司。此外，该规定亦不要求保险公司按照上述层级逐级管理下级分支机构，但是，营业部、营销服务部不得再管理其他任何分支机构。

（二）外资保险公司设立的条件

依据《外资保险公司管理条例实施细则》的规定，外资保险公司申请设立分支机构，应当具备下列条件。

1. 上一年度偿付能力充足，提交申请前连续2个季度偿付能力均为充足；

2. 保险公司具备良好的公司治理结构，内控健全；

3. 申请人具备完善的分支机构管理制度；

4. 对拟设立分支机构的可行性已进行充分论证；

5. 在住所地以外的省、自治区、直辖市申请设立省级分公司以外其他分支机构的，该省级分公司已经开业；

6. 申请人最近2年内无受金融监管机构重大行政处罚的记录，不存在因涉嫌重大违法行为正在受到国务院保险监督管理机构立案调查的情形；

7. 申请设立省级分公司以外其他分支机构，在拟设地所在的省、自治区、直辖市内，省级分公司最近2年内无受金融监管机构重大行政处罚的记录，已设立的其他分支机构最近6个月内无受重大保险行政处罚的记录；

8. 有申请人认可的筹建负责人；

9. 国务院保险监督管理机构规定的其他条件。

此外，合资保险公司、独资保险公司根据其业务发展需要在其住所地以外的各省、自治区、直辖市设立分公司开展业务的，其注册资本应当满足一定的条件，即其以最低注册资本人民币2亿元设立的，在其住所地以外的每一省、自治区、直辖市首次申请设立分公司时，应当增加不少于人民币2000万元的注册资本。如果合资保险公司、独自保险公司在申请设立分公司时，其注册资本已经达到前款规定的增资后额度的，则可以不再增加相应的注册资本。

作为保证保险公司偿付能力的要求，若合资保险公司、独资保险公司注册资本达到人民币5亿元，在偿付能力充足的情况下，其设立分公司将不再需要增加注册资本。

（三）外资保险公司设立的程序

1. 申请材料

外资保险公司设立分支机构的，应当向国务院保险监督管理机构提出申请，并提交下列材料一式三份。

（1）设立申请书；

（2）申请前连续2个季度的偿付能力报告和上一年度经审计的偿付能力报告；

（3）保险公司上一年度公司治理结构报告以及申请人内控制度；

（4）分支机构设立的可行性论证报告，包括拟设机构3年业务发展规划和市场分析，设立分支机构与公司风险管理状况和内控状况相适应的说明；

（5）申请人分支机构管理制度；

（6）申请人作出的其最近2年无受金融监管机构重大行政处罚的声明；

（7）申请设立省级分公司以外其他分支机构的，提交省级分公司最近2年无受金融监管机构重大行政处罚的声明；

（8）拟设机构筹建负责人的简历以及相关证明材料；

（9）国务院保险监督管理机构规定提交的其他材料。

2. 审查

国务院保险监督管理机构自收到完整申请材料之日起30日内对设立申请进行书面审查，对不符合分支机构设立条件的，作出不予批准决定，并书面说明理由；对符合分支机构设立条件的，向申请人发出筹建通知。

3. 筹建

申请人应当自收到筹建通知之日起6个月内完成分支机构的筹建工作。该筹建期间不计算在行政许可的期限内。

申请人应当及时完成筹建工作，筹建期间届满未完成筹建工作的，申请人应当依法重新提出分支机构的设立申请。

需要注意的是，筹建机构在筹建期间仅能够进行与分支机构筹建有关的活动，而不得从事任何保险经营活动。

4. 开业验收

筹建工作完成后，筹建机构具备下列条件的，申请人可以向国务院保险监督管理机构提交开业验收报告，申请进行开业验收：

（1）具有合法的营业场所，安全、消防设施符合要求；

（2）建立了必要的组织机构和完善的业务、财务、风险控制、资产管理、反洗钱等管理制度；

（3）建立了与经营管理活动相适应的信息系统；

（4）具有符合任职条件的拟任高级管理人员或者主要负责人；

（5）对员工进行了上岗培训；

（6）筹建期间未开办保险业务；

（7）国务院保险监督管理机构规定的其他条件。

申请人提交的开业验收报告应当附下列材料一式三份。

（1）筹建工作完成情况报告；

（2）拟任高级管理人员或者主要负责人简历及有关证明；

（3）拟设机构营业场所所有权或者使用权证明；

（4）计算机设备配置、应用系统及网络建设情况报告；

（5）业务、财务、风险控制、资产管理、反洗钱等制度；

（6）机构设置和从业人员情况报告，包括员工上岗培训情况报告等；

（7）按照拟设地规定提交有关消防证明，无须进行消防验收或者备案的，提交申请人作出的已采取必要措施确保消防安全的书面承诺；

（8）国务院保险监督管理机构规定提交的其他材料。

国务院保险监督管理机构自收到完整的开业验收报告之日起 30 日内，进行开业验收，并作出批准或者不予批准的决定。验收合格批准设立的，颁发分支机构经营保险业务许可证；验收不合格不予批准设立的，应当书面通知申请人并说明理由。

5. 工商登记

经批准设立的外资保险公司分支机构，应当持批准文件以及分支机构经营保险业务许可证，向市场监督管理部门办理登记注册手续，领取营业执照后方可营业，进行保险经营活动。

四、外资保险公司的终止与清算

（一）外资保险公司的清算原因

依照《外资保险公司管理条例》的规定，外资保险公司可能因为解散、被撤销或破产而进行清算。

1. 解散

外资保险公司因分立、合并或者公司章程规定的解散事由出现时，经国务院保险监督管理机构批准，可以解散。其中，经营人寿保险业务的外资保险公司，只有在合并、分立事由出现时才可以解散。外资保险公司解散的，应当依法成立清算组进行清算事宜。需要注意的是，《外资保险公司管理条例实施细则》就合资、独资财产保险公司的解散以及外国财产保险公司对境内分公司的撤销作了特别规定。

（1）合资、独资财产保险公司的解散

合资、独资财产保险公司因分立、合并或者公司章程规定的解散事由出现而申请解散的，应当报国务院保险监督管理机构批准，并提交下列资料。

① 公司董事长签署的申请书；

② 公司股东会的决议；

③ 拟成立的清算组人员构成及清算方案；

④ 未了责任的处理方案。

经国务院保险监督管理机构批准解散的合资、独资财产保险公司，应当自收到国务院保险监督管理机构发出的批准文件之日起，停止新的业务经营活动，向国务院保险监督管理机构缴回经营保险业务许可证，并在15日内成立清算组。

（2）外国财产保险公司对其中国境内分公司的撤销

外国财产保险公司可以撤销其在中国境内设立的分公司。应当注意的是，前述的撤销与本节后续介绍的外资保险公司因违法而被国务院保险监督管理机构撤销虽然都使用了“撤销”一词，但含义不同。前者是作为总公司的外国财产保险公司基于其自身的独立意志，对其在中国境内设立的不具有法人资格的分公司的撤销行为，具有民事行为的因素；后者是国务院保险监督管理机构因有关外资保险公司违法，而依法吊销其经营保险业务许可证，从而撤销该外资保险公司，取消其行政许可的行政行为。

外国财产保险公司申请撤销其在中国境内分公司的，应当报国务院保险监督管理机构批准，并提交下列资料：①外国财产保险公司董事长或者总经理签署的申请书；②拟成立的清算组人员构成及清算方案。

（3）未了责任的处理方案

外国财产保险公司撤销其在中国境内分公司的具体程序，适用合资、外资财产保险公司申请解散的程序。

外国财产保险公司分公司的总公司解散、依法被撤销或者宣告破产的，外国财产保险公司分公司的清算及债务处理适用合资、独资财产保险公司解散的相应规定；并且，在其未清偿中国境内的债务前，不得将其在中国境内的财产转移至中国境外。

2. 被撤销

外资保险公司从事保险业务需要获得国务院保险监督管理机构颁发的经营保险业务许可证，因此，如果其因违反法律、行政法规的规定，被国务院保险监督管理机构吊销经营保险业务许可证，其将失去存在的意义，被依法撤销，由国务院保险监督管理机构依法及时组织成立清算组进行核算。

依照《外资保险公司管理条例》的规定，外资保险公司经营保险业务许可证可能被撤销的情形主要包括以下两种。

（1）外资保险公司超出核定的业务范围、业务地域范围或者服务对象范围从事保险业务活动，且经国务院保险监督管理机构责令改正后逾期不改或者前述行为造成严重后果的；

（2）外资保险公司未依法提存保证金或动用保证金的，或者违法与关联企业从事交易活动的，或者未依法补足注册资本或营运资金的。

3. 破产

外资保险公司不能支付到期债务的，经国务院保险监督管理机构同意，人民法院有权依法宣告该外资保险公司破产。外资保险公司被宣告破产的，由人民法院组织国务院保险监督管理机构等有关部门和有关人员成立清算组，进行清算。

（二）外资保险公司的清算程序

1. 财产转移的禁止

外资保险公司解散、依法被撤销或者被宣告破产的，为保护外资保险公司投保人、被保险人以及债权人等有关人员的利益，在其清偿完公司债务前，不得将其财产转移至中国境外。否则，国务院保险监督管理机构有权责令转回转移的财产，处转移财产金额20%以上等值以下的罚款，并要求涉案外资保险公司及其高级管理人员依法承担相应的法律责任。

2. 清算程序开始的报告与公告

清算组成立后，应当及时向有关政府部门及公司股东、债权人等利益第三人告知清算事实。

一方面，清算组应当自成立后5日内将公司开始清算程序的情况书面通知市场监督管理、税务、劳动与社会保障等有关部门。

另一方面，对于因解散、依法被撤销而清算的，应当自清算组成立之日起60日内在国务院保险监督管理机构指定的报纸上至少公告3次。公告内容应当经国务院保险监督管理机构核准。

3. 审计报告的提交

为厘清进行清算的外资保险公司的财务状况，清算组应当自成立之日起1个月内聘请符合国务院保险监督管理机构要求的会计师事务所进行审计，并自聘请之日起3个月内向国务院保险监督管理机构提交审计报告。

4. 清算情况的定期报告

清算组成立后，应当在每月10日前向国务院保险监督管理机构报送有关债务清偿、资产处置等最新情况报告。

【相关案例】

安联保险集团对安联（中国）保险控股有限公司筹建的申请

2018年，德国保险机构安联保险集团向中国国务院保险监督管理机构申请设立安联（中国）保险控股有限公司。

中国国务院保险监督管理机构中国银保监会经依法审核后，批准该德国保险机构筹建安联（中国）保险控股有限公司。中国银保监会的批复要求，该德国保险机构应当在筹建期内成立筹备组，且该筹备组应自接到批准批复之日起1年内完成筹建工作，筹建期内不得从事任何业务经营活动，未经批准不得变更主要投资人、拟任董事长和拟任总经理。此外，该筹备组应当严格依照有关法律法规办理筹建事宜，将筹建过程中的有关情况及时报告中国银保监会，并于筹建完毕后，及时上报开业申请，在中国银保监会验收合格并下达开业批复后，到工商部门注册登记。

【法条指引】

中华人民共和国外资保险公司管理条例（节录）

第二条 本条例所称外资保险公司，是指依照中华人民共和国有关法律、行政法规的规定，经批准在中国境内设立和营业的下列保险公司：

（一）外国保险公司同中国的公司、企业在中国境内合资经营的保险公司（以下简称合资保险公司）；

（二）外国保险公司在中国境内投资经营的外国资本保险公司（以下简称独资保险公司）；

（三）外国保险公司在中国境内的分公司（以下简称外国保险公司分公司）。

第五条 设立外资保险公司，应当经国务院保险监督管理机构批准。

设立外资保险公司的地区，由国务院保险监督管理机构按照有关规定确定。

第三十条 外资保险公司解散、依法被撤销或者被宣告破产的，未清偿债务前，不得将其财产转移至中国境外。

第六章

外资保险公司的监督管理

【规则要点】

为保护中国投保人、被保险人、受益人以及外资保险公司的合法权益，保证外资保险公司的正当业务活动的顺利开展，保持中国保险市场的良好发展，外资保险公司必须遵守中国法律、法规，不得损害中国的社会公共利益。同时，国务院保险监督管理机构及其派出机构负责对外资保险公司实施监督管理，外资保险公司应当依法予以配合。

【理解与适用】

一、业务范围

外资保险公司的业务范围（包括具体业务范围、业务地域范围和服务对象范围）须经中国国务院保险监督管理机构核定，并且只能在该范围内从事保险业务活动。

外资保险公司按照国务院保险监督管理机构核定的业务范围，可以全部或者部分依法经营下列种类的保险业务。

其一，财产保险业务，包括财产损失保险、责任保险、信用保险等保险业务；

其二，人身保险业务，包括人寿保险、健康保险、意外伤害保险等保险业务；

其三，在核定的范围内经营大型商业风险保险业务、统括保单保险业务；

其四，上述业务的再保险业务。

由于中国保险法律制度实行禁止保险兼业原则，因此，同一外资保险公司不得同时兼营财产保险业务和人身保险业务。

就业务地域范围而言，外资保险公司分公司原则上只能在其所在的省、自治区或者直辖市的行政辖区内开展业务，但其参与共保、经营大型商业保险或者统括保单业务，以及通过互联网、电话营销等方式跨省、自治区、直辖市承保业务，或者其作为外国再保险公司分公司，而依法直接在全国开展再保险业务的除外。独资保险公司与合资保险公司在其住所地以外的各省、自治区、直辖市开展业务的，应当通过设立相应的分公司开展。

二、保证金

为保证保险公司的偿付能力，中国保险法律制度建立了保证金制度。据此，外资保险公司成立后，应当按照其注册资本或者营运资金总额的20%提取保证金，存入国务院保险监督管理机构指定的银行。保证金只能用于外资保险公司清算时清偿债务，除此之外，不得动用。

外资保险公司违反有关规定未提存保证金或动用保证金的，由国务院保险监督管理机构责令改正，并处5万元以上30万元以下的罚款；情节严重的，可以责令停止新业务或吊销经营保险业务许可证。

三、接受国务院保险监督管理机构的监督检查

作为中国的保险监管机构，国务院保险监督管理机构有权检查外资保险公司的业务状况、财务状况及资金运用状况，有权要求外资保险公司在规定的期限内提供有关文件、资料和书面报告，有权对违法违规行为依法进行处罚、处理。

外资保险公司应当接受上述依法进行的监督检查，如实提供有关文件、资料和书面报告，不得拒绝、阻碍、隐瞒。否则，将依法承担相应的法律责任。

四、关联交易的禁止

除经国务院保险监督管理机构批准外，外资保险公司不得与其关联企业进行资产买卖或者其他交易。前述关联企业，是指与外资保险公司有下列关系之一的企业。

其一，在股份、出资方面存在控制关系；

其二，在股份、出资方面同为第三人所控制；

其三，在利益上具有其他相关联的关系。

外资保险公司违法与关联企业从事交易活动的，由国务院保险监督管理机构责令改正，并处5万元以上30万元以下的罚款；情节严重的，可以责令停止新业务或吊销经营保险业务许可证。

五、财务会计报告的提交与公布

外国保险公司分公司应当于每一会计年度终了后3个月内，将该分公司及其总公司上一年度的财务会计报告报送国务院保险监督管理机构，并予公布。

六、外国保险公司分公司的总公司特殊情况报告

外国保险公司分公司是有关外国保险公司总公司的派出机构，不具有独立法人地位，因此，该总公司的经营状况、财产状况等对该分公司的状况有直接的影响。据此，该分公司在其总公司出现规定的特殊情况时，应当及时向中国国务院保险监督管理机构进行报告。

依照《外资保险公司管理条例》的规定，外国保险公司分公司的总公司有下列情形之一的，该分公司应当自各该情形发生之日起10日内，将有关情况向中国国务院保险监督管理机构提交书面报告。

其一，变更名称、主要负责人或者注册地；

其二，变更资本金；

其三，变更持有资本总额或者股份总额10%以上的股东；

其四，调整业务范围；

其五，受到所在国家或者地区有关主管当局处罚；

其六，发生重大亏损；

其七，分立、合并、解散、依法被撤销或者被宣告破产；

其八，国务院保险监督管理机构规定的其他情形。

外资保险公司分公司的总公司解散（因分立、合并而解散的除外）、依法被撤销或被宣告破产的，该分公司应按照国务院保险监督管理机构的要求停止开展新业务。

七、外汇保险业务的监管

外资保险公司经营外汇保险业务的，应当遵守中国有关外汇管理的规定。此外，外资保险公司在中国境内经营保险业务应当以人民币计价结算，但经国家外汇管理机关批准的除外。

【法条指引】

中华人民共和国外资保险公司管理条例（节录）

第三十一条 违反本条例规定，擅自设立外资保险公司或者非法从事保险业务活动的，由国务院保险监督管理机构予以取缔；依照刑法关于擅自设立金融机构罪、非法经营罪或者其他罪的规定，依法追究刑事责任；尚不够刑事处罚的，由国务院保险监督管理机构没收违法所得，并处违法所得1倍以上5倍以下的罚款，没有违法所得或者违法所得不足20万元的，处20万元以上100万元以下的罚款。

第三十二条 外资保险公司违反本条例规定，超出核定的业务范围、业务地域范围或者服务对象范围从事保险业务活动的，依照刑法关于非法经营罪或者其他罪的规定，依法追究刑事责任；尚不够刑事处罚的，由国务院保险监督管理机构责令改正，责令退还收取的保险费，没收违法所得，并处违法所得1倍以上5倍以下的罚款，没有违法所得或者违法所得不足10万元的，处10万元以上50万元以下的罚款；逾期不改正或者造成严重后果的，责令限期停业或者吊销经营保险业务许可证。

第三十三条 外资保险公司违反本条例规定，有下列行为之一的，由国务院保险监督管理机构责令改正，处5万元以上30万元以下的罚款；情节严重的，可以责令停止接受新业务或者吊销经营保险业务许可证：

（一）未按照规定提存保证金或者违反规定动用保证金的；

（二）违反规定与其关联企业从事交易活动的；

（三）未按照规定补足注册资本或者营运资金的。

第三十四条 外资保险公司违反本条例规定，有下列行为之一的，由国务院保险监督管理机构责令限期改正；逾期不改正的，处1万元以上10万元以下的罚款：

(一) 未按照规定提交、报送有关文件、资料和书面报告的;

(二) 未按照规定公告的。

第三十五条　外资保险公司违反本条例规定，有下列行为之一的，由国务院保险监督管理机构处10万元以上50万元以下的罚款:

(一) 提供虚假的文件、资料和书面报告的;

(二) 拒绝或者阻碍依法监督检查的。

第三十七条　外资保险公司违反中国有关法律、行政法规和本条例规定的，国务院保险监督管理机构可以取消该外资保险公司高级管理人员一定期限直至终身在中国的任职资格。